Trouver le chemin

Véronique Jannot

Trouver le chemin

Avec la collaboration
de Colette Jannot

Cette édition de *Trouver le chemin*
est publiée par Succès du Livre SAS
avec l'aimable autorisation des Éditions Michel Lafon.

© Éditions Michel Lafon, 2006

ISBN 13 : 9782738221377

À mes parents,
pour l'amour qu'ils m'ont donné,
avec une reconnaissance particulière pour ma mère,
compagne de tous les instants.

À la mémoire de
Jacques Sallat-Baroux,
Jean Le Foll,
Paul Nogier
et Anne-Marie Farge,
qui ont consacré leur vie à soulager les autres.

À tous ceux qui me sont chers, d'ici et de là-haut.

À Sogyal Rinpoché, mon guide spirituel.

Au peuple tibétain.

– Préface –

Sa vie est un roman. Une histoire où l'intimité tient lieu d'intrigue et le personnage principal, le sien, le rôle d'une héroïne au grand cœur. Cette passion des autres qui la caractérise ne souffre d'aucune ambiguïté. Véronique est une femme totale qui, au travers d'une carrière riche et mouvementée, se paie le luxe de se raconter exactement comme elle est. Sans faux-fuyants, sans artifice. Dans sa quête du bonheur absolu, elle aura rencontré le meilleur comme le pire sans chercher à composer. Quand bien d'autres artistes comptabilisent leur notoriété pour mieux se protéger, elle prend la vie par la racine avec le sentiment de vouloir faire partager sa destinée au commun des mortels. Pudiquement. Ses tragédies comme ses succès sont une sève pour tous les humains en quête de sens. Devant cette hargne humaniste, l'artiste force si naturellement le respect que l'on peut se demander parfois où vont se nicher les ressorts de cette générosité.

Elle s'épuise en larmes et en sourires, juste le temps de dire aux autres qu'elle est comme tout le monde. Jusqu'au jour où il fallut que cet amour si intense trouve à s'épanouir autrement.

Rien d'étonnant alors que le bouddhisme soit devenu son Graal. Qui mieux qu'elle pouvait raconter avec une telle simplicité, une telle vérité, les enseignements de ses maîtres ? L'art du bonheur comme celui de la sagesse s'apprennent aussi. Et Véronique, sous ses allures d'éternelle adolescente, trouve le moyen de distiller à sa manière les vertus d'une philosophie, à travers la seule lumière de son expérience personnelle.

Quand vous refermerez ce livre, vous aurez le sentiment que son destin vous appartient. Normal. Véronique n'a rien à cacher. Elle est nature.

Jean-Michel DJIAN

– Avant-propos –

LE CHEMIN

Ce livre est le témoignage d'un itinéraire personnel qui m'a conduite, à la fin des années quatre-vingt, à découvrir la philosophie bouddhiste. Je pourrais dire qu'il s'agit là d'une rencontre de hasard si je n'étais convaincue depuis longtemps que celui-ci n'existe pas.

Loin de moi pourtant l'idée de faire un exposé sur cette doctrine vieille de vingt-cinq siècles. Il y a en France, comme partout en Occident, de remarquables maîtres, notamment tibétains, qui dispensent dans ce domaine, en termes précis, un enseignement d'une richesse inégalable. Mais je voudrais, en faisant référence à ma propre expérience, montrer combien cette façon de penser peut permettre de relativiser nos souffrances, si insurmontables nous semblent-elles. Je voudrais montrer comment, parfois, dans le destin d'un individu où l'espoir semble limité, des chemins salvateurs peuvent aider à appréhender l'existence de façon différente. Et pour cela, il me faut bien parler de ma « route »...

Je n'ai jamais eu l'envie irrésistible de livrer ma vie intime. Pourtant il n'y a pas plus intime que ce dont je vais parler ici. Si j'ai choisi de lever le voile, entre autres, sur un événement qui, voilà maintenant vingt-cinq ans, au sortir de l'adolescence, m'a interdit à jamais d'avoir un enfant, c'est parce que cette épreuve a changé mon regard sur les autres, sur le monde et sur la souffrance humaine.

Je sais aussi l'image de féminité, d'enthousiasme et de joie de vivre que je véhicule pour des milliers de femmes. Parmi celles-ci, certaines passent par de douloureux tunnels que je connais pour les avoir moi-même traversés. C'est d'abord à elles que s'adresse cette « confession ». Je voudrais leur dire que c'est la façon dont on transforme les épreuves qui compte, qu'elles peuvent être un abîme mais aussi un tremplin. Quand on croit que tout est fini, autre chose commence. Et cela s'appelle, encore et toujours, la Vie.

Aujourd'hui je pense avoir le recul nécessaire pour oser cette affirmation : aucun combat ne se fait sans nous. La motivation reste primordiale. Et le temps, quoi qu'on en pense, est un allié – sauf celui que l'on perd à se regarder trop longtemps le nombril. Mieux vaut en effet rester à l'affût des opportunités, des rencontres qui nous sont offertes. J'aimerais vous parler de celles qui ont jalonné ma route et qui m'ont aidée à avancer sur le chemin. La révélation de la spiritualité est sans doute le plus beau cadeau qui soit né de cette « longue marche ».

J'aimerais aussi tenter, par l'intermédiaire de ce livre, de lever le voile sur trop d'interprétations erronées que l'on donne du bouddhisme, par ignorance ou par incompréhension. Je m'adresse à ceux qui se posent des questions et à ceux, tout aussi nombreux, que de pénibles moments ont amenés à s'interroger sur le sens de leur existence. Il ne s'agit pas ici de faire une œuvre didactique. Encore une fois, de grands maîtres s'en sont chargés et s'en chargent toujours. Seulement le privilège d'un personnage public, surtout si on l'a beaucoup vu à la télévision, c'est de faire un peu partie de la vie de tous, à travers la parole et l'image. Cela instaure une sorte de familiarité qui permet d'aborder des sujets sérieux avec des mots simples, à la portée de tous.

Je pense que les propos qui vont suivre pourront aider certains. En tout cas je l'espère...

Pour cela, il va me falloir passer par certains sentiers qui ne sont pas forcément ceux sur lesquels j'ai envie de retourner aujourd'hui, tant j'ai mis d'années à en oublier les pierres coupantes et les ronces. Pourtant, sans ces déceptions, ces chagrins ou ces drames qui ont marqué ma vie comme celle de tant d'hommes et de femmes, je pense que je n'aurais jamais trouvé ma voie, ou beaucoup plus tard. Peut-être trop tard !

– I –

UNE ENFANCE PROTÉGÉE

Avoir reçu dans son enfance tout l'amour des siens procure une aptitude au bonheur qui perdure au-delà des drames de l'existence. C'est certainement le premier cadeau d'une vie.

Mes parents étaient établis à Annecy, en Haute-Savoie. Certainement l'une des plus jolies villes de France, avec son vieux quartier médiéval entouré de canaux, son lac et les montagnes tout autour qui forment comme un écrin. C'est un privilège de naître dans un endroit où la nature est si forte et si belle. Évidemment la vie commence mieux là que lorsque l'on voit le jour dans une banlieue sordide, entourée de béton.

Mon père et ma mère étaient nés à une époque où il suffisait d'être courageux et de travailler pour réussir : ils s'employaient tous deux à se faire une place au soleil. Mon père a d'abord été représentant en literie, puis en meubles. Ma mère le soutenait dans son travail et l'accompagnait dans ses tournées. Quand elle me parle de ses souvenirs de jeune femme, elle sourit encore en se rappelant les nuits de camping lorsqu'ils n'avaient pas les moyens d'aller à l'hôtel, et de sa petite toilette dans la rivière toute proche. J'aime l'écouter me raconter ces scènes d'un autre temps.

Mon frère, de sept ans mon aîné, n'est pas celui qui a eu le plus de chance. Les parents étant souvent absents, il restait parfois assez longtemps chez sa nourrice. Il a d'ailleurs toujours gardé une rancœur plus ou moins consciente de ce qu'il a dû considérer comme une forme d'abandon.

Quant à moi, le matin du 7 mai 1957, sous la neige – aussi étonnant que cela puisse paraître –, ma naissance comble l'attente de mes parents. Je suis une enfant de l'amour, et la fille qu'ils désiraient profondément... Une chance...

Avec les années, grâce à son travail et à une période de croissance économique, la situation de mon père devient assez enviable, et la vie matérielle de mes parents s'améliore. Je suis trop petite pour me rappeler l'appartement que nous occupions alors en ville. Mes souvenirs commencent vers quatre ou cinq ans, lorsque nous déménageons pour Seynod, un village tout proche d'Annecy. Nous nous installons tout en haut du village, juste à côté de l'église, dans une vaste maison au bout d'un chemin de gravier blanc bordé de rosiers, avec un portail en bois, un grand jardin et un potager. C'est là que j'ai fait ma communion privée dans une petite robe bleue et des gants blancs.

J'ai le souvenir d'une enfance idéale, comme on en lisait dans les romans de la comtesse de Ségur. Je passais le plus clair de mon temps à jouer dans la ferme voisine avec des copains de mon âge. Leur père était transporteur. Dans le grenier étaient entreposés des sacs de lait en poudre pour les veaux : notre goûter favori ! Comme tous les gamins de l'époque, nous nous amusions sans grands moyens. Nous étions inventifs et téméraires. Nous fabriquions des carrioles avec trois fois rien. Certes ce n'étaient pas des bricolages bien sophistiqués... quatre roues de poussette fixées plus ou moins solidement à une planche. Mais avec ça nous pouvions dévaler la route qui nous menait directement à la ferme d'en bas. Nos pieds étaient les seuls freins en cas de problème. Aujourd'hui ce ne serait même pas envisageable, mais à cette époque il ne passait que quelques rares voitures par jour. Et puis, c'est bien connu, il y a un Bon Dieu pour les innocents. Je confirme...

Mes parents ne comprenaient évidemment pas ce que je faisais dans cette sombre cour de ferme, alors que nous avions à côté une grande villa avec un magnifique jardin, mais j'étais trop bien là-bas ! Je m'amusais comme une folle : il y avait les animaux, le lait pour les veaux, et tous nos jeux...

Chez nous, les moments que je préférais étaient ceux que je passais avec Primi, la jeune femme espagnole qui s'occupait de la maison. Notre jeu favori consistait à attraper les oiseaux. Le piège était simple : un panier à salade retourné, soutenu par un morceau de bois, des graines en dessous, et un fil relié au morceau de bois qui courait jusqu'à la porte de la cuisine derrière laquelle nous restions embusquées parfois des heures. Dès que l'oiseau se glissait sous le panier à salade, on tirait sur le fil et il se retrouvait prisonnier. Les merles et les rouges-gorges étaient les plus nombreux à se faire prendre. Puis nous les relâchions. J'adorais ça ! Primi était une jeune femme gaie, pétillante, une fée du logis. Elle se révélait d'une grande habileté manuelle et me confectionnait des jouets en ficelle et en feutrine que j'ai gardés très longtemps en souvenir d'elle. Je l'aimais beaucoup. Mais elle était fiancée à un homme que sa famille lui avait destiné. Forcée de le suivre, elle nous a quittés pour s'installer en ville avec lui. Nous fûmes tristes de son départ. Elle aussi. La maison ne résonnerait plus de ses chansons et de ses rires. Mais la vie continuait.

L'environnement n'était que campagne. Pour rejoindre l'école nous courions à travers champs. De la maternelle je n'ai gardé que quelques souvenirs, le plus marquant étant celui du fils de la directrice, qui rongeait ses ongles jusqu'au sang et qui fut le premier garçon à faire battre mon cœur de petite fille. Je ne ratais pas une occasion de m'asseoir à côté de lui pour dessiner...

Mon frère, qui a toujours été un amoureux de la nature et qui l'est resté, m'emmenait faire de grandes balades. Nous ramassions des pommes que nous faisions griller au feu de bois après les avoir plantées sur un bâton. Moins avouable mais combien excitant, le souvenir des poires encore vertes chapardées dans le jardin du curé et la peur de se faire prendre...

Les animaux tenaient déjà une grande place dans ma

vie. Karim, notre berger allemand, était de toutes les parties. L'hiver il tirait notre luge dans le jardin, comme un chien de traîneau. Kinou, notre chat siamois, était mon souffre-douleur. Je l'habillais en poupée et je le mettais sur la balançoire. Il en fut de même pour la chatte suivante, toute My-Fong de Kinglong de Surabaya qu'elle était. Je n'ai jamais compris d'où venait la réputation d'agressivité des siamois, sinon des films de Walt Disney. Toute ma vie j'ai eu des siamois qui tous furent d'extraordinaires et d'inoubliables petits compagnons. Intelligents, adaptables, patients et ludiques. Mon amour pour la gent animale remonte à ces années bénies où mon frère faisait de moi la complice de ses escapades champêtres.

Le pré d'à côté appartenait au boucher du village, qui s'appelait M. Pommier ! Assez petit et plutôt rondouillard, avec comme deux petites pommes rouges à la place des joues, il était de nature joviale et, malgré son métier, il adorait les animaux... surtout les chevaux. Bon cavalier, il en possédait plusieurs qu'il nous laissait approcher, caresser et même monter. Mon frère était fou d'un magnifique cheval bai qui s'appelait Floridor. Quant à moi je n'avais d'yeux que pour une jument nommée Cadrie. Pour moi, elle était la plus belle de toutes. C'était mon amie. Je lui rendais visite chaque jour, je lui parlais de longs moments, comme seuls savent le faire les enfants. Mais un été, mes parents m'ont envoyée un mois en colonie de vacances, mettant provisoirement fin à notre complicité quotidienne. Le jour de mon retour je me suis précipitée mais Cadrie ne daignait même pas me regarder... Parce que je l'avais laissée ? Alors je devais la reconquérir ! Je suis restée longtemps à côté d'elle, peut-être une demi-heure, à lui demander pardon en la caressant : « Ma Cadrie, tu sais, il fallait que je parte, mais j'ai pensé à toi, je t'aime... » Soudain, tout doucement, Cadrie a descendu sa tête vers moi, et j'ai senti son souffle dans mon cou... Je me souviens encore de la joie que j'ai ressentie à ce moment-là. Cadrie m'avait pardonné ! Je l'ai embrassée en pleurant...

Pourtant ce n'est pas sur Cadrie que j'ai posé mes fesses pour la première fois. C'est sur un âne. Celui d'un autre voisin. Mon frère Servais avait trouvé le « truc » génial pour m'initier : il tiendrait l'âne par un ruban qu'il avait déniché et me ferait tourner à la longe pour que j'essaie de tenir dessus. Mais un ruban n'est pas une longe, et l'âne pas un cheval. En trois secondes le ruban s'est déchiré et je me suis retrouvée au grand galop, tandis que mon frère hurlait : « Tiens-toi, tiens-toi... En arrière, en arrière... » Première expérience, première chute. Plus jamais, plus jamais, plus jamais ! Je les détestais ! L'âne et mon frère. Cadrie ne m'aurait pas fait ça, je suis allée lui conter mes déboires...

Malheureusement j'ai été séparée de ma jument adorée ainsi que de mes amis quand nous avons déménagé pour la grande ville : Annecy. L'appartement que mes parents venaient d'acheter au dixième et dernier étage d'un immeuble était clair et spacieux, avec vue sur un cimetière. Pas très gai de prime abord, mais on s'y fait. J'étais à deux pas de mon école et il m'a fallu peu de temps pour trouver une amie avec qui j'allais inventer toutes les bêtises possibles : mettre des pétards dans les bouches d'égout, lancer depuis le balcon des poches d'eau sur les passants, tirer les sonnettes avant de dévaler les escaliers, et j'en passe... De vrais petits diables ! Nous avions l'une sur l'autre une influence épouvantable aux dires de nos parents. Nous n'en étions que plus liées contre l'adversité. Deux démons, mais avec des visages tellement angéliques qu'on nous aurait donné le Bon Dieu sans confession.

À propos de confession, il me revient en mémoire les dimanches où nous étions censées aller à la messe. Au lieu de quoi nous achetions, avec l'argent de la quête, des tranches de jambon que nous mangions derrière l'église. La lecture des *Bibi Fricotin* empruntés à l'entrée nous permettait de passer le temps...

Un jour mon père a découvert le pot aux roses. Ce fut un mémorable bras de fer entre lui et moi. Il voulait que j'aille à la messe ? D'accord. Alors qu'il me donne l'exemple. Les adultes doivent donner l'exemple aux enfants !

C'est comme ça que j'ai cessé officiellement d'aller à l'église le dimanche. Ce qui ne m'a pas empêchée de faire ma communion et ma confirmation, ni de suivre le parcours obligé de tout catholique.

Mon amie Frédérique a dû déménager au bout de peu de temps, son père ayant été nommé ailleurs, au grand soulagement de mes parents et des siens. Avant son départ nous étions allées toutes les deux à la recherche de Primi, la jeune femme qui travaillait pour nous à Seynod. Nous l'avons joué détectives en gants blancs ! Et nous avons fini par trouver l'endroit où Primi vivait, près de la vieille ville, tout au fond d'une impasse. Elle était sidérée et heureuse de me revoir. Elle nous a tout de suite offert des gâteaux et de la pâte de coings confectionnée par ses soins. J'avais le cœur serré. Primi ! Ma Primi, mon rayon de soleil... Elle habitait un deux-pièces sordide donnant sur une cour sombre. Son visage avait perdu sa gaieté. Sa vie se passait là, désormais, à attendre que son mari rentre (un mari qu'elle n'avait pas choisi), que sa fille revienne de l'école et qu'elle leur prépare à manger. J'ai trouvé cela tellement triste ! Malgré mon jeune âge j'avais des yeux pour voir que cette fille merveilleuse était passée à côté de sa vie. Je suis retournée la voir de temps en temps, puis son mari est mort d'un cancer et elle est repartie en Espagne. J'espère qu'elle aura eu une existence plus douce par la suite. Elle avait tellement de choses en elle ! J'ai toujours été désolée de voir des êtres doués, que ce soit en termes de talent ou d'aptitude au bonheur, devoir négliger leur don. Certes, les parents de Primi l'avaient quasiment obligée à se marier, mais combien d'autres femmes laissent s'endormir leur talent, quel qu'il soit, par manque d'audace, d'exigence et d'opiniâtreté ?

Quoi qu'il en soit, je continuais tranquillement ma petite vie dorée. Je dois dire qu'à cette époque j'étais très enfant gâtée. Plutôt capricieuse, avec une fâcheuse tendance à aimer être au centre de tout... J'avais été « élue » chef des filles, je crânais, je menais la danse et la « guerre » avec les garçons. Le chef des garçons était vraiment mignon, mais c'était mon ennemi, alors... La bagarre ne me faisait pas peur. En fait j'étais devenue un vrai garçon manqué.

*
**

En raison de nos presque huit ans d'écart, si mon frère est très présent dans ma petite enfance, il l'est beaucoup moins par la suite. Nous avons été élevés ensemble à la campagne où nous étions très complices, puis il a eu de bonne heure sa vie propre. Il est tombé amoureux à seize ans d'une très belle Eurasienne du nom de Marie-Claire. Devançant l'appel, il s'est engagé dans l'armée l'année suivante. Je crois que le métier des armes était une vocation chez lui, du moins à cette époque, et qu'il était fait pour ça. La vie militaire équilibrait son côté tête brûlée, si bien qu'il faillit rempiler. Son amour pour la belle Eurasienne l'en empêcha. Il l'a épousée à vingt et un ans, l'âge de la majorité en ce temps-là, et elle lui a donné trois beaux enfants, Loan, Jézabel et David.

Lorsqu'il revenait en permission, je cirais ses bottes avec amour. J'étais heureuse de voir rentrer mon grand frère mais il ne faisait plus trop attention à moi. Nos chemins se sont écartés avec la vie, mais, enfants, nous avons connu quelques histoires assez rocambolesques. Elles restent pour moi de précieux souvenirs.

Pour des trésors puérils, nous avons risqué notre peau. Un jour. nous avons bien failli être deux à partir dans les rapides... Tout ça pour sauver des eaux la photo de sa fiancée et mon napperon de fête des mères ! Les enfants n'ont pas la juste notion de l'importance des choses. Perdre le cadeau de la fête des mères aurait été pour moi un véritable drame.

À propos de cadeau, il faut bien admettre que les enfants ont du cœur, mais pas forcément bon goût. Je devais tout juste avoir l'âge de raison et je me préparais à célébrer l'anniversaire de maman. J'avais économisé sur mon argent de poche et mis spécialement de côté des pièces de cinq francs. Avec mon pécule soigneusement amassé, j'ai hélas acheté un truc immonde, je le reconnais volontiers : un petit chien qui remue la tête comme on en voit sur la plage arrière de certaines voitures. Or maman n'a jamais su donner le change quand quelque chose ne lui plaît pas. Elle a ouvert le paquet et s'est exclamée : « Ah, mon Dieu, quelle horreur ! » J'aurais voulu disparaître sur-le-champ d'un coup de baguette magique. Ce que je regardais comme la huitième merveille du monde se révélait brutalement d'une laideur absolue.

*
**

À dix ans, une allergie au sucre m'a privée de toutes les friandises dont raffolent les gamins de cet âge. Il a fallu trois cures thermales, trois années de suite, pour remettre les choses en ordre. La maison d'enfants où j'étais hébergée pendant ces cures s'appelait « Le Petit Paradis ». C'est là que j'ai appris mes classiques : *Ils ont des chapeaux ronds, vive les Bretons*. Les grands chantaient ça à tue-tête dans le minibus qui nous transportait aux sources. *Là-haut sur la montagne* était réservé aux plus jeunes... Il y avait aussi tous les airs que l'on chantait en canon. J'adorais ça.

Comme tous les petits qu'on fait tourner en bourrique, j'ai eu droit à la « chasse au dahu », bien sûr, et j'ai tapé des heures durant sur des gamelles dans la colline pour rabattre ce mystérieux animal qui ne marche que sur les terrains en pente. Du coup, pour ne pas être en reste, je me suis mise moi aussi à faire des blagues. Elles n'ont pas été appréciées et j'ai fini dans le bureau du directeur. Mais que de rires !

La dernière année j'ai eu un amoureux. Il était champion d'aviron, il avait les yeux bleus et m'avait offert une bague avec deux cœurs qui se croisaient. Je crois que c'est là que mon père a commencé à me surnommer « cœur d'artichaut ».

À l'issue de ces trois cures thermales, reprendre une vie sucrée fut quand même bien agréable...

*
**

Puis le temps des boums est arrivé, et avec lui les premiers flirts, les jalousies entre copines, les moqueries, les papiers griffonnés qui circulent sous la table... Mon premier petit copain s'appelait Titi. Dieu que j'ai pu pédaler pour être à l'heure à la sortie de son lycée ! Tout ça pour pas grand-chose puisqu'il a fini par craquer, comme les autres, pour une fille de ma classe, grande et belle, à l'allure dégingandée, qui était la coqueluche des garçons. Ce n'était pas très grave mais, à cet âge, les filles découvrent la vie en pleurant pour un garçon. Ça ne dure généralement pas très longtemps. Le temps de s'apercevoir que votre héros n'en vaut pas la peine et que celui qui vous a souri hier est vachement sympa !

Vers cette époque, mes parents ont fait construire une villa au bord du lac, aussi nous partagions-nous entre l'appartement au centre d'Annecy et la nouvelle demeure. Je n'avais que le jardin à traverser pour atteindre le ponton et piquer une tête au réveil.

J'adorais cette maison. Elle avait à mes yeux un avantage sans prix : un grenier aménagé, mon antre réservé, où je pouvais faire des boums avec les copains.

Sur les murs de ce grenier, j'avais placardé partout des photos de Jean-Paul Belmondo et d'Alain Delon, des posters des Stones, des Creedence Clearwater Revival, avec, dessinés ici et là, les symboles que la jeunesse d'alors répétait comme une profession de foi : *Love, Peace and Freedom*... Sur un côté de la poutre centrale, j'avais écrit à la craie la liste de mes petits amis. Pour mes parents, c'était du plus haut comique ! Bref j'étais une enfant choyée, privilégiée sans en avoir conscience, et heureuse de vivre.

Tant qu'il y avait de la neige je dévalais les pentes tous les week-ends ; le reste du temps c'était natation, tennis ou équitation. J'étais revenue à mes premières amours, le cheval tenait à nouveau une grande place dans ma vie. Je montais deux fois par semaine dans un club hippique des environs, à six kilomètres de Veyrier-du-Lac, le club d'Écharvines. Nous étions une petite bande de passionnés. Parmi eux Philippe Monnet, devenu depuis le grand navigateur que l'on connaît, et François Roemer, qui possède aujourd'hui un magnifique élevage aux environs de Paris. Le monde est décidément petit...

En tout cas ma passion du cheval ne cessait de grandir. J'avais de plus en plus besoin d'être au contact de ces animaux, si bien que mes parents décidèrent de m'en offrir un pour mon anniversaire. Mais ils posèrent clairement leurs conditions : en aucun cas mes études ne devaient s'en ressentir.

« Juré, papa ! » Croix de bois, croix de fer.

Ce cadeau merveilleux a changé ma vie. J'avais eu le choix entre deux juments : Gracieuse, sur laquelle je venais de passer mon premier degré, et Flicka. Flicka l'a emporté, d'abord parce qu'elle avait un caractère formidable et qu'elle était aussi bonne à l'obstacle qu'au dressage... et aussi parce que, une fois en selle, on se sentait sur son dos comme dans un fauteuil ! Pour cette raison, d'ailleurs, les propriétaires du club l'avaient au départ réservée aux débutants. Mais un jour Flicka, sans doute lasse des cavaliers peu assurés qui lui tiraient maladroitement sur la bouche, prit l'habitude de tester vite fait les néophytes : elle donnait un coup de cul et rentrait directement au box, si bien qu'à force on lui destina des écuyers plus expérimentés.

Flicka était une demi-sang portugaise bourrée de qualités. Elle n'avait rien d'un super-cheval de race, mais elle se montrait élégante dans ses allures dansantes, gaie, généreuse. À mes yeux c'était la plus belle jument du monde. Elle représentait tout pour moi : mon amie, mon amour, ma complice. Je jouais avec elle, je parlais avec elle, je partais à l'aventure avec elle. Je la vivais le jour et la rêvais la nuit. Nous avions nos petits jeux rituels. À pied dans le manège, je faisais un pas vers elle puis je m'arrêtais en la fixant. Elle me fonçait alors dessus, les oreilles baissées. J'avançais d'un autre pas comme pour la charger à mon tour, et elle faisait demi-tour sur elle-même avec une ruade sans toutefois me quitter des yeux.

Très vite nous avons noué un lien affectif exceptionnel, que le temps et nos longues promenades n'ont fait que renforcer. Je devais la monter tous les jours mais si, pour une raison ou une autre, j'en étais empêchée, j'allais malgré tout la panser et la sortir. Une discipline que je m'étais imposée naturellement. J'avais charge d'âme. Printemps, été, automne, hiver, je me rendais au club en Mobylette pour m'occuper de Flicka.

Lorsqu'il faisait froid — et en Haute-Savoie la température est plutôt rude à la mauvaise saison —, je glissais des journaux sous mon ciré pour me protéger du vent glacé. En venant de Veyrier, j'avais une dizaine de kilomètres à parcourir pour rejoindre le lycée. Cette précaution s'imposait. Un jour, je me suis tellement dépêchée pour ne pas être en retard que j'ai oublié de retirer les journaux sous mon pull. Je m'en suis rendu compte en arrivant en classe, mais j'ai préféré suivre le cours sans enlever mon ciré, comme si je ne parvenais pas à me réchauffer, alors que j'étouffais littéralement. Pas question d'ôter ma carapace de papier devant les copines, et encore moins devant les garçons, ç'aurait été la honte ! L'adolescence a ses raisons...

J'aimais l'école, surtout le français et les langues étrangères — particulièrement l'anglais. J'étais bonne en gymnastique aussi mais, pour les matières qui m'ennuyaient prodigieusement comme les maths ou l'histoire-géo, je traînais en queue de peloton sans faire le moindre effort. Une prof qui avait repéré mon manège ne s'était pas privée de me traiter de fumiste. En fait je voulais enseigner l'anglais plus tard, donc, hormis cette langue et le français, je ne voyais pas très bien à quoi les autres matières pouvaient me servir – le sport mis à part, bien sûr.

On ne dit jamais assez à quel point un professeur peut influencer votre vie. Vous éloigner d'une discipline ou vous la faire aimer. La pédagogie est un vrai talent. J'ai eu la chance de croiser deux enseignants formidables pendant ma scolarité. D'abord ma professeur de français, Mme Modurier, une femme d'une classe folle, d'une infinie douceur et douée d'une grande autorité naturelle. J'avais envie de travailler pour lui faire plaisir. Mon deuxième « mentor » était ma professeur d'anglais, Mme Tissot. Je ne cesserai jamais de lui rendre hommage. Sa passion communicative, la façon qu'elle avait de nous motiver et de rendre ses cours vivants, cette belle énergie ! Avant son arrivée, je n'aimais pas l'anglais. Je restais au fond de la salle de classe en attendant que le temps passe. Même un voyage en Angleterre et trois semaines passées dans une famille du Norfolk n'avaient pas stimulé mon intérêt. Mme Tissot a tout changé. L'anglais, depuis ce jour, a toujours fait partie de ma vie. J'ai d'abord souhaité l'enseigner, je l'ai dit, mais quand ma route s'est dessinée autrement je n'ai pas abandonné l'étude de cette langue pour autant. J'ai continué à travailler seule d'une façon très scolaire, avec des magazines et un dictionnaire, puis j'ai pris des cours chez Berlitz lorsque j'ai commencé à gagner ma vie, jusqu'à parler à peu près couramment. Et mon premier billet d'avion pour les États-Unis fut le cadeau d'anniversaire de mes parents.

– II –

DANS LE MÉTIER PAR HASARD

Malgré ma passion affichée pour Delon, Belmondo et quelques acteurs de cette génération, je n'avais jamais envisagé de devenir comédienne. Je n'y pensais même pas. J'avais d'abord songé à être vétérinaire. Mon amour pour les animaux, sans doute... Puis j'ai opté pour le professorat d'anglais. Cette idée m'est restée longtemps, même après mes débuts à la télévision.

*
**

La vie n'est qu'une suite de coïncidences...

Ma mère et moi étions allées toutes les deux à Paris, en touristes. Je découvrais la capitale, ses monuments, et bien sûr la tour Eiffel, symbole emblématique de la Ville lumière. À la sortie du pilier Sud, un photographe s'est avancé pour prendre un cliché. Sans doute avait-il remarqué la très jolie femme qu'était maman. Moi, d'instinct, je me suis mise à marcher, souriant à l'objectif.

– Votre fille présente des modèles ou fait peut-être des défilés d'enfants ? demanda le photographe à maman en lui remettant le ticket de retrait du cliché.

– Non, pourquoi ?

– Parce qu'elle a un truc instinctif. Vous devriez lui faire faire du cinéma.

Ma mère travaillait dans une agence de publicité chargée de la promotion du département de Haute-Savoie. Sa meilleure amie, Josette Cros, dirigeait cette agence. Je venais souvent les voir au bureau, j'aimais bien les regarder travailler, choisir des illustrations. Un jour, Josette a décidé de prendre des photos de moi. Quand je les contemple aujourd'hui, je les trouve carrément gonflées ! Style David Hamilton, en panty, dans un fauteuil avec une moue boudeuse. Les portraits étaient plus classiques, mais toujours avec cette moue que j'affichais assez facilement quand je n'étais pas emballée par quelque chose. Comme la plupart des gosses, je suppose. En tout cas Josette a dû trouver ces clichés à son goût, puisqu'elle a mis un des portraits sur la cheminée de l'agence. Un jour, un metteur en scène de ses relations a remarqué ma frimousse.

– Elle a une bouille, cette gamine, lui a-t-il lancé, elle devrait faire du cinéma !

Décidément...

Interpellée malgré tout par cette seconde suggestion, maman a du coup envoyé ma photo ainsi qu'un chèque pour mon inscription dans l'*Annuaire du cinéma*, à l'époque référence pour la profession. Après tout, sait-on jamais ? Qu'est-ce qu'on risque ? J'avais douze ans.

C'est certainement à Josette, devenue depuis le peintre « Joson », que je dois d'avoir commencé dans ce métier.

Deux mois passent et, un jour, un producteur canadien téléphone à la maison. Il travaille sur un projet et pense avoir un rôle pour moi. Il demande une photo... Mais quelques semaines plus tard, tout ça tombe à l'eau. L'affaire est classée sans suite. Cette nouvelle ne me chagrine pas. À vrai dire, elle ne me touche guère : je suis à mille lieues de cet univers.

Toutefois, mon nom reste dans l'*Annuaire du cinéma* sur la liste des moins de dix-huit ans... Trois ans plus tard, Cécile Aubry prépare son nouveau feuilleton, *Le Jeune Fabre*. La directrice de casting nous demande d'envoyer une photo de moi, après s'être renseignée sur ma taille. C'est une surprise à laquelle personne ne s'attendait. Forte de sa première expérience, maman décide de ne pas envoyer de photo, mais d'obtenir directement un rendez-vous. Au bout du fil, elle sent son interlocuteur tétanisé à l'idée que l'on puisse lui demander de payer le billet d'avion pour Paris.

— On ne vous réclame rien, le rassure ma mère, juste un rendez-vous. Considérez que l'on vient en métro !

L'obstacle étant ainsi levé, nous obtenons une date sans difficulté. Le jour fixé, Guy Lacour, le directeur de production, nous accueille avec intérêt et simplicité.

— C'est vous qui venez d'Annecy ? demande-t-il.

— Oui.

Et là, à notre grande surprise, il ajoute en me regardant :

— Je pense que vous avez bien fait de venir.

Nous n'attendons plus que Cécile Aubry pour commencer. Je prends sagement place dans la file d'attente. Il y a bien une vingtaine de filles avant moi. Je suis là depuis à peine cinq minutes lorsque la réalisatrice arrive. Elle s'apprête à entrer dans son bureau, m'aperçoit, s'arrête quelques secondes avant de pénétrer dans la pièce où l'attend son assistante. Le casting débute presque aussitôt. Les filles sont appelées les unes après les autres. Lorsque j'entre à mon tour dans la pièce, Cécile Aubry fait signe à sa collaboratrice de fermer la porte.

— Voilà ! J'ai trouvé ma vedette, lui dit-elle avec un grand sourire, ses petits yeux malins plantés dans les miens.

J'ai du mal à y croire. Mais apparemment je corresponds à l'idée que Cécile se fait de la jeune fille de l'histoire : je suis l'Isabelle Caderousse[1] de ses rêves. De plus, elle trouve un air de famille entre son fils Mehdi qui doit interpréter Jérôme, le héros du feuilleton, et moi. Le couple est celui dont elle rêvait.

Le coup de chance absolu ! De ces choses qu'on lit dans les romans ou que l'on voit au cinéma, mais que l'on ne croit pas possibles dans la vie. Mehdi, le fils de Cécile Aubry, l'inoubliable petit garçon de *Belle et Sébastien*, alors âgé de seize ans, est la coqueluche des filles

---

1. L'héroïne du feuilleton *Le Jeune Fabre* au côté de Mehdi.

de mon âge. C'est avec lui que je vais tourner si je suis retenue ! Je suis folle de joie. Mais redescendons sur terre, je n'ai jamais pris le moindre cours de comédie. Comment vais-je m'en sortir ?

– Qu'as-tu fait jusqu'à maintenant ? me demande Cécile Aubry.

– Rien. Je suis à l'école. Je ne suis pas mauvaise en récitation. C'est tout.

Ça avait le mérite d'être franc !

Cécile Aubry et sa collaboratrice me donnent alors un texte à apprendre pour passer un essai le lendemain...

Ce texte, je l'ai travaillé avec maman dans notre chambre d'hôtel toute la soirée et toute la nuit. De toute façon, nous étions trop excitées pour pouvoir dormir... Je me souviens encore de la première phrase : « C'est joli, n'est-ce pas ? »

Le lendemain, à l'heure dite, je me suis retrouvée sur le plateau avec Cécile Aubry et une autre jeune actrice dont j'ai oublié le nom, face à la caméra. Contrairement à moi, ma concurrente comptait déjà pas mal de rôles à son actif.

– Tu as fait combien de films ? me demanda-t-elle.

– Aucun.

– Moi j'en ai fait quinze.

À l'entendre me parler de ses nombreux tournages, je sentais mon moral fléchir. « Je ne sais pas ce que je fiche là, je n'ai aucune chance, pensais-je, mais je vais tout de même aller jusqu'au bout. »

Je passe l'essai à mon tour. Une fois les prises de vue terminées, ma « rivale » s'en va. Moi j'attends un peu. Je traîne les pieds. Finalement je prends ma petite valise et m'apprête à partir. C'est alors que Cécile Aubry pose la main sur mon épaule.

– Non. Toi tu restes, me dit-elle de sa voix rauque et pourtant enfantine. Le rôle est pour toi. C'est bon !

Je n'oublierai jamais cet instant. J'étais comme assommée et en même temps j'exultais. Une pensée m'a traversée : c'était sûr, j'allais rater mon BEPC. Impossible de le préparer désormais, mais je n'avais plus vraiment le choix.

De fait, lorsque je me suis présentée à cet examen, j'étais en plein tournage et comme de juste je l'ai loupé. Quand mes parents ont appelé l'école pour savoir si j'étais bien inscrite sur les listes de la session de rattrapage à l'oral, la directrice a répondu « non ». J'avais voulu faire du cinéma ? Eh bien c'était un choix. Je devrais me passer du BEPC. Quelle hargne ! Je n'avais pas quinze ans et je me trouvais confrontée à la jalousie des adultes, un sentiment plutôt moche dont j'avais été préservée jusqu'alors. Les gens se réjouissent rarement du bonheur des autres. Je le découvrais, vaguement blessée et en tout cas déçue. Je n'avais pas été élevée dans cette étroitesse d'esprit.

*
**

Je suis passée sans transition du pantalon à la mini-jupe. Il fallait oublier le garçon manqué. J'étais extrêmement gênée au début. Pour couronner le tout, Cécile

Aubry m'avait fait remarquer que je marchais comme un camionneur. Évidemment, les bottes de cheval ou les baskets n'ont jamais favorisé une allure féminine. Pendant des heures je me suis entraînée à suivre, les bras en croix, une ligne au sol. Je n'avais jamais prêté attention à ma démarche. Une fois qu'on vous en parle, on y pense... Enfin, on essaie de ne pas l'oublier.

J'ai été confrontée à toutes sortes de miroirs qui devenaient finalement autant d'agressions et de remises en cause. La première épreuve fut ma voix, lorsque je l'ai entendue dans le casque de l'ingénieur du son. Insupportable ! Je ne savais pas qu'elle était si haut perchée. La deuxième, mon image. Jamais je ne m'étais vue ainsi. La rencontre a été violente. J'étais incapable de m'accepter. Je suis sortie de la première séance de rushes[1] en larmes. Mais à force d'encouragements et de paroles compréhensives de la part des gens de l'équipe, j'ai fini par reprendre confiance. Eux avaient l'habitude, moi pas.

Tout le monde était aux petits soins pour moi, en effet. Le moindre de mes désirs était exaucé sur-le-champ, quand il n'était pas anticipé. Je ne me déplaçais même pas pour aller chercher un verre d'eau, on me l'apportait sur place. C'en était gênant.

L'activité d'un tournage est quelque chose de très particulier. D'abord les tâches sont distribuées, puis, à un moment bien précis, les fourmis entrent en action, accomplissent leur travail et s'arrêtent soudain comme

---

1. Projection quotidienne des scènes tournées la veille.

dans une partie de « un deux trois soleil ». Plus personne ne bouge ni ne parle : on tourne. Une fois la scène finie, on attend. C'est ce qui m'a semblé le plus interminable, l'attente entre les scènes. J'ai eu du mal à m'habituer à ces temps morts. Les gens de l'extérieur qui observent un tournage de loin doivent penser que l'on fait un boulot de fainéants. Les membres de l'équipe sont souvent assis, font la causette. C'est en fait une fausse décontraction. Une façon toujours attentive, contrairement aux apparences, de passer le temps. Car, en fait, ils sont toujours prêts à réagir au quart de tour.

Je découvre cet univers si nouveau pour moi. Les gens sont gentils, attentionnés, parlent de leur métier avec passion. Je me souviens du directeur photo qui était le seul rescapé du crash d'un Boeing. Il était souvent entre deux vins, mais efficace et vigilant malgré tout. Il devait être habitué à vivre avec ses fantômes... De l'électricien à l'ingénieur du son, il n'y avait que des fortes personnalités. Sans doute à cause du choix de vie qu'ils avaient fait. J'ai remarqué depuis que l'on retrouve souvent les mêmes tempéraments aux mêmes postes. Les angoissés, les aigris, les généreux ou les gentils râleurs : il y a un bel échantillonnage du genre humain sur un plateau ! Moi j'y suis chouchoutée, dorlotée et je dois dire que je prends très vite goût à ces attentions. D'autant plus que dans la maison de Saint-Cloud où je suis en pension avec Mehdi, chez des parents de Cécile, ne règne pas vraiment la même ambiance. Une famille de médecins, nombreuse, d'un naturel peu expansif. Des gens concrets, efficaces, mais guère sentimentaux. Le contraste avec mon propre univers familial est déconcertant. Voilà des personnes qui ne manifestent aucune affection, ni entre eux, ni à mon égard... Aussi surprenant que cela puisse paraître, le plus dur pour moi n'est pas le travail mais bien de me trouver loin du cocon parental pour la première fois.

J'ai besoin d'amour, je veux qu'on m'aime ! Aussi, pour attirer l'attention, je ne trouve rien de mieux que de faire une fugue.

Panique à bord. Je suis l'héroïne du film, je suis « raccord » et j'ai disparu. Cette fois, on est bien forcé de se préoccuper de moi, même chez mes hôtes ! Je rentre à la nuit tombée, vers huit heures du soir, du parc de Saint-Cloud où je prétends être allée courir, ce qui est un pieux mensonge – j'ai toujours détesté le jogging.

La maîtresse de maison ne me fait pas de reproches. Elle m'embrasse même de soulagement. Ce n'est pas une méchante femme, loin de là. Elle n'est simplement pas démonstrative, sans doute cuirassée par le départ d'un mari, le travail dans les souffrances d'un hôpital et cinq gosses à élever. Mais j'ai quinze ans et, égoïstement, je vois midi à ma porte.

D'un point de vue stratégique mon escapade a été un succès. À partir de ce jour, ils ont fait davantage attention à moi. Mehdi tourne tous les jours, ce qui n'est pas mon cas. Notre relation complice est en train de changer et mon « partenaire » me manque de plus en plus. Je passe mes journées à l'attendre.

Par compensation, je me mets à manger tout ce qui me tombe sous la main, ce qui ne manque pas d'inquiéter Cécile Aubry. Elle a une peur bleue que je m'arrondisse. J'ai commencé genre crevette en minijupe, je dois finir crevette en minijupe. J'ai droit à l'explication du mot « raccord » en long, en large et en travers. Vu que le film n'est pas tourné dans l'ordre chronologique, mais par décor, il faut impérativement que d'une scène sur l'autre il n'y ait aucune différence dans mon aspect. La coiffure, la longueur de cheveux doit être identique, le col ouvert au même bouton...

– La scripte est là pour veiller à tout cela, mais la silhouette c'est toi ! gronde Cécile.

Je suis devenue boulimique par ennui... Colette Robin, la scripte, est ma tendre complice. Elle met parfois de côté la crème au caramel de son repas, qu'elle me donne en cachette. Elle voit bien à quel point tout ce qui se passe me déstabilise. Je ne suis pourtant pas du genre empotée, à rester coincée dans les jupons maternels. Mes parents ne m'ont pas surprotégée. Heureusement. Je crois qu'en protégeant un enfant à l'excès, loin de lui donner toutes ses chances on affaiblit ses capacités d'adaptation, son « système immunitaire » face à la vie. Mais là, le changement d'univers est un peu radical...

Plongée dans le monde des adultes, je découvre pourtant avec une curiosité insatiable ce nouvel état. C'est un peu comme un jeu. Un jeu extraordinaire. Sauf que je ne mesure pas encore certains paramètres, à commencer par celui de la responsabilité. Je vais malheureusement découvrir très vite ce qu'il implique.

Il faut se protéger soigneusement, quand on tourne. C'est une nécessité. Le sens des responsabilités commence par là. Un accident et tout s'arrête. Les cinquante personnes de l'équipe, le planning, le coût de la production, tout est bouleversé et peut courir à la catastrophe en un instant. Et en ce qui concerne l'incident auquel je fais allusion, on a frôlé le pire.

J'avais profité des trois semaines de vacances où je ne tournais pas pour préparer mon second degré d'équitation. J'ai commis une faute d'inattention à l'obstacle, et ce qui devait arriver arriva : un gadin magistral ! Bilan de l'escapade : le visage râpé jusqu'au sang, une omoplate fêlée, les tendons du poignet distendus et un épanchement de synovie au coude. Autant dire que je n'étais vraiment plus raccord...

Le coup de chance, dans cette histoire, c'est que l'accident a eu lieu au début du tournage, juste au moment où j'avais cette interruption de trois semaines dans les prises de vues, si bien que j'ai eu le temps de m'en remettre. À mon retour, les croûtes de mon visage étaient tombées et un peu de maquillage suffisait à en masquer les traces. Personne n'a su ce qui s'était passé, sauf la costumière qui a dû découdre la manche de la combinaison blanche moulante que je devais porter sur le plateau et la recoudre sur mon bras qui avait doublé de volume.

Quant à moi, je me rappellerai toujours la dernière scène du feuilleton... À un moment, Mehdi m'attrape par la main et m'entraîne en riant dans une course effrénée à travers les rues de Montmartre. Je tiens mon rôle, mais je manque de m'évanouir sous la douleur.

Et je me rends surtout compte que j'aurais pu mettre la production en péril avec mes acrobaties équestres ! La leçon est dure mais présente l'avantage d'être efficace.

Peu après, le tournage déménage à la campagne. Là, c'est le bonheur. Je retrouve la nature, les jeux et les bagarres avec Mehdi, je suis aux anges. Ce n'est pas le cas de tout le monde. Je ne savais pas qu'on pouvait ne pas aimer la nature. Paul Guers, qui joue le père de Mehdi, n'envisage pas la vie sans macadam. Il tourne en rond comme un lion en cage. C'est drôle. Jean-Roger Caussimon, lui, est toujours content de tout. D'humeur égale, il trimballe sa musique extérieure et intérieure. C'est son domicile fixe. Il est profond, attentif et généreux. Il aime la jeunesse et se montre naturellement plein d'indulgence avec moi. Au début j'étais un peu sur mes gardes à cause de son look assez particulier, mais Jean-Roger se révèle un homme merveilleux. Il ne cherche pas à jouer ni à prouver quoi que ce soit, il est, tout simplement. Tout talentueusement.

Une première fois reste à jamais gravée dans la mémoire. Ainsi la première claque reçue de mon « père », interprété par Daniel Ceccaldi, dont je crois que je me souviendrai toujours. Au bout de trois prises, j'avais quand même un peu de mal à réprimer un réflexe de recul... que Daniel a voulu prendre de vitesse. Résultat : j'ai encaissé de plein fouet une gifle à me dévisser la tête. Daniel en était d'ailleurs le premier embêté, mais ce sont des choses qui arrivent. Nous en avons ri longtemps...

Ce premier tournage fut pour moi une formidable expérience professionnelle, mais aussi personnelle. J'ai connu avec Mehdi mon premier amour, un souvenir évidemment inoubliable lorsque l'on vient d'avoir quinze ans. Mais les initiales que nous avions gravées au sang sur nos bras respectifs, bravant tous les « raccords » du monde et les gros yeux de sa mère, n'ont pas tenu la distance. Le tournage terminé, les plus beaux serments ont pris l'eau. Trois mois plus tard, je vivais mon premier chagrin d'amour et faisais l'expérience de la trahison et du mensonge, les garçons se montrant semble-t-il moins fidèles que les filles à cet âge-là.

Premier tournage, premier amour, première expérience des séparations inhérentes à ce métier. En plusieurs mois d'émotions partagées, c'est un peu une famille qui se crée. Après le dernier plan, on échange adresses et numéros de téléphone, on se dit « à très vite »... et puis la vie passe et l'on se croise un jour par hasard, avec bonheur, ou bien l'on ne se revoit plus. Ce fut sans doute là ma première leçon d'impermanence, cette notion si importante dans le bouddhisme. Les choses ne sont ce qu'elles sont que dans l'instant où on les vit. Il faut en profiter pleinement mais savoir que rien ne dure. Le jeunesse se fane, la gloire est éphémère, les enfants grandissent et s'en vont. Si vous « savez » cela, la souffrance du changement ne vous atteint pas, vous vous adaptez, vous vivez le présent. Et ce présent a des avantages. Imaginez que rien ne change jamais, quel ennui ! J'aurai l'occasion, plus tard, de me rendre compte à quel point cette notion d'impermanence peut nous aider à surmonter les pires épreuves...

En tout cas, pour l'heure, sans en avoir pleinement conscience, je venais de traverser une période charnière de ma vie. Beaucoup de choses s'étaient passées en peu de mois. Mais je regardais tout cela comme une parenthèse fantastique qu'il m'avait été donné de vivre presque par hasard. Je n'avais pas encore réalisé que c'était un métier.

*
**

J'ai repris ma vie de lycéenne sans états d'âme particuliers, heureuse de monter à nouveau ma jument, de chausser mes skis le week-end et de me mettre sérieusement à une nouvelle activité, le handball. J'ai découvert à cette occasion combien les sports d'équipe révèlent, disciplinent et développent les qualités individuelles de chacun. La pratique du hand en compétition reste à ce titre une des expériences les plus enrichissantes que j'aie connues. Elle m'a donné confiance en l'autre, et m'a fait comprendre qu'on pouvait tendre à plusieurs vers le même but, animés par la même énergie, sans jalousie, tout en étant interchangeables. Je jouais d'ailleurs indifféremment ailier ou arrière dans cette équipe où régnait une ambiance formidable. Nous étions des mousquetaires en vadrouille :

« Une pour toutes, toutes pour une ! » était notre devise.

Avec mon amie Fabienne, aujourd'hui prof de gym, nous avons partagé des moments exceptionnels. Nos chemins se sont séparés voilà bien des années, mais les souvenirs restent vivants et elle occupe toujours la même place dans mon cœur.

En somme, j'avais réintégré sans problème mon univers « d'avant ». Le feuilleton *Le Jeune Fabre* avait rencontré un vrai succès, mes études se passaient plutôt bien, le regard des filles et des garçons sur moi n'était plus tout à fait le même mais mes vraies copines n'avaient pas changé. Les fins de semaine se passaient sur les différents terrains alentour où nous disputions les matchs avec hargne. Notre enthousiasme fit de nous les championnes cadettes de Haute-Savoie, un titre modeste dont nous étions très fières.

Et puis, un soir, je reçois un coup de téléphone d'un metteur en scène de théâtre suisse. À ma grande surprise, il me demande de venir à Genève passer une audition pour jouer *L'École des femmes*, de Molière. Je suis prise de panique.

— Attendez. J'ai tourné un feuilleton, oui, c'est vrai, mais là vous me parlez de théâtre... Je n'ai jamais pris de cours. Je suis incapable de jouer. Je n'ai ni la voix, ni l'expérience pour faire ça !

— Laissez-nous en juger par nous-mêmes, si vous le voulez bien, répond mon interlocuteur. Nous vous demandons juste de venir passer un essai. Ensuite nous verrons. Nous en parlerons calmement ensemble.

N'ayez pas peur, la décision vous reviendra de toute façon.

Hormis l'angoisse de ne pas être à la hauteur, je n'avais aucune raison sérieuse de refuser cette audition. Me voilà donc un beau matin en route pour Genève, avec maman. Quarante-deux kilomètres, ce n'est pas le bout du monde. Sur place, les choses se passent simplement. Je fais la lecture demandée devant le metteur en scène et trois autres personnes, nous parlons un moment du personnage et c'est terminé.

Sur le chemin du retour, j'essaie en vain de me faire une idée sur ma prestation. Finalement je renonce. Quoi que je dise, quoi que je fasse, les dés sont jetés.

La réponse ne va pas tarder : le soir même le metteur en scène me rappelle à la maison.

— À présent, les choses sont entre vos mains, m'annonce-t-il d'emblée, parce que pour nous vous êtes notre Agnès ! Vous êtes le personnage et en plus vous avez l'âge du rôle. Alors, qu'en pensez-vous ?

J'avais seize ans. Je me suis jetée à l'eau.

Il est prévu que les premières représentations se déroulent dans la cour de l'hôtel de ville, en plein air. Pendant l'été. Puis nous nous produirons au théâtre de la Comédie de Genève. Michel Cassagne interprétera mon tuteur et Michel Grobetti mon amoureux transi.

Le jour de la première, je chante en arrivant dans les loges. Mes partenaires sont morts de trac et n'en reviennent pas de me voir aussi décontractée...

— Mais comment fais-tu pour chanter ?

– Je chante parce que je suis heureuse ! C'est le jour de la première, je suis heureuse !

– Mais... Tu n'as pas le trac ?

– Non !

L'angoisse viendra plus tard, au fil des années. Plus j'avancerai dans ma carrière, plus j'aurai le trac. Mais pour l'heure je suis inconsciente... J'ai cette innocence du débutant à qui le bonheur de monter sur scène, de sentir son personnage et de jouer enfin devant le public après des semaines de répétitions procure une sorte d'ivresse. Le fait d'avoir réussi ce que je n'envisageais même pas quelques mois plus tôt compte aussi pour beaucoup dans mon enthousiasme.

La cour de l'hôtel de ville est pleine à craquer, il faut tous les soirs rajouter des chaises. Les critiques sont formidables, c'est le bonheur. À l'issue de cette grande première, nous nous sommes tous retrouvés autour d'un verre. Mes parents étaient présents, bien sûr. Et c'est là que les professionnels du métier leur ont dit clairement que j'étais faite pour être comédienne. Selon eux, il n'était pas souhaitable que je rentre dans un quelconque conservatoire. Mais je pouvais vraiment envisager de continuer dans cette voie. Et, dans la foulée, ils m'ont proposé le rôle d'Ophélie dans *Hamlet*.

J'ai toutes les raisons de me rappeler cette période excitante de mon adolescence, celle de ma rencontre avec le théâtre. D'abord je découvrais la relation magique qui se noue entre la scène et la salle, entre le comédien et le spectateur, ensuite je menais une double vie tout aussi excitante : lycéenne dans la journée et actrice le soir. Après la classe, je partais pour Genève

avec maman dans sa petite voiture rouge et le lendemain matin je reprenais le lycée. Le rêve !

Sans que je m'en rende vraiment compte, le cours
de ma vie était déjà infléchi et la roue tournait...

Entre-temps, Cécile Aubry m'avait fait inscrire chez
Marceline Lenoir, l'agence qui gérait la carrière de
Mehdi. Et voilà que, peu avant la fin des représentations, je reçois une proposition ferme pour incarner
Virginie dans la série télévisée *Paul et Virginie*, dont le
tournage doit se dérouler à l'île Maurice. Si j'accepte,
c'est le grand saut : il me faut choisir entre mes études
et le métier de comédienne. Et il me faut aussi annoncer à mes amis suisses que je les quitte, alors que j'ai
signé pour une reprise de *L'École des femmes* à la rentrée.
Les dates tombent hélas au plus mal.

Le choix est douloureux. J'aime le lycée, et je viens
juste de recevoir mon bulletin d'entrée en première A4
section littéraire, échappant ainsi à la torture de la section AB3 vers laquelle j'avais été orientée par erreur.
La décision est difficile et lourde de conséquences...
Opter pour l'univers du spectacle, c'est se couper du
monde scolaire, ne jamais passer son bac, renoncer à
une « vie normale » envisagée comme coulant de source
— bac, université, profession libérale ou enseignement —
pour m'engager dans une voie moins bien balisée.
Jusqu'à présent, j'avais réussi à concilier études et
théâtre (grâce à ma mère, qui ne s'est jamais plainte
d'assumer le rôle ingrat du chauffeur). Cela implique
aussi de me séparer pendant de longs mois de Flicka :

un crève-cœur. Mais je sais que je peux la confier en demi-pension à mes fidèles amis cavaliers...

Mes parents, là aussi, ont fait un parcours sans fautes. Je revois encore mon père comme si c'était hier, assis sur mon lit, m'aidant dans ce choix difficile en m'assurant de son soutien quelle que soit ma décision...

Finalement la tentation est trop forte. Aller incarner une héroïne de légende à l'autre bout du monde... Qui peut résister à une offre pareille à seize ans ?

J'ai donc opté pour l'exotisme et la liberté. J'ai donné mon accord pour *Paul et Virginie*, payé mon dédit au théâtre de la Comédie et abandonné mes études. J'avais seize ans et demi lorsque j'ai choisi délibérément la vie de saltimbanque.

*
**

Nous sommes debout depuis six heures du matin. Papa nous a conduites à l'aéroport de Genève. Aucun de nous ne parle beaucoup. Les sentiments sont partagés. C'est une grande séparation pour tous. Mon père reste ici mais maman m'accompagne. La loi exige en effet, puisque je suis mineure, la présence auprès de moi d'un membre de ma famille. Or le tournage doit durer trois mois et demi. C'est long.

Ce 3 septembre 1973, par un temps exceptionnellement chaud, nous entamons donc ce long voyage dont j'ai tant rêvé.

Un désenchantement total ! La production étant « trop pauvre » pour nous acheminer par une ligne régulière, nous avons d'abord droit à un Paris-Ostende en autocar. Six heures de route avant le traditionnel arrêt moules-frites. Après quoi notre charter, comme tous les charters du monde, a du retard. Quatre heures d'attente dans le hall lugubre de l'aéroport où tout est fermé parce qu'on est dimanche. Finalement, à minuit et demi, nous montons dans l'avion. Il est plein à craquer. Les genoux coincés, la tête rentrée dans les épaules, nous nous préparons à quatorze heures de vol... Une première escale à Athènes, puis une autre à Djeddah, en Arabie saoudite, où nous avons le droit de descendre pour nous dégourdir les jambes. On dirait un pays en guerre. Il y a des militaires partout. C'est sinistre. Interdiction formelle de prendre des photos – de quoi, Grand Dieu ? Tout est tellement laid ! Du coup, je prends quelques clichés en cachette. Pour rien, pour m'occuper. Par provocation. Ça me redonne de l'énergie. J'en ai marre de ce voyage qui n'en finit pas ! Nous rembarquons. Encore une heure d'avion, la dernière ligne droite.

Nous avançons nos montres de trois heures. Ça y est, nous sommes ailleurs. Une fois désinfectées par la bombe des hôtesses, ce qui n'a pas plu du tout à ma mère, nous sortons enfin de cet avion. L'air n'est pas celui que nous attendions. Il fait froid et humide parce que, en fait, c'est l'hiver. Un hiver exceptionnellement long, paraît-il. (J'ai remarqué qu'on vous dit toujours cela quand vous êtes en vacances et que le temps est pourri. C'est toujours exceptionnel et on n'a pas vu ça depuis cinquante ans.)

En revanche, le nombre de photographes est impressionnant pour une si petite île. Je n'en ai jamais vu autant. Je ne mesure pas l'importance d'un tournage là-bas à l'époque – nous sommes en 1973 – a fortiori celui de *Paul et Virginie* qui fait tellement partie de la légende de l'île Maurice.

On nous installe à Curepipe et, là, je sens maman à deux doigts de craquer. Comme elle a pris soin de consulter une carte et de se renseigner sur le pays, elle sait que cette bourgade est la plus humide de l'île et qu'il y pleut environ vingt fois plus qu'ailleurs. Décidément, la production n'a reculé devant aucune économie ! Ce n'est pas vraiment l'idée que l'on se faisait de ce séjour exotique... Quand nous découvrons nos chambres, c'est le coup de grâce. Des murs gris, d'une tristesse sans nom... En fait nous logeons dans une ancienne caserne reconvertie en hôtel. Et il suffit d'une question au garçon hindou, qui ne se prive pas de développer la réponse, pour comprendre que cet hôtel ne sert plus depuis longtemps. Rouvert en notre honneur, il doit être rasé après notre départ !

Je n'en peux plus de fatigue, j'ai froid, je voudrais voir la tête que j'ai. Peine perdue. Le pauvre miroir accroché au-dessus du lavabo est réglé pour des militaires beaucoup plus grands que moi. Je n'y aperçois que mon front. Dire que nous sommes là pour trois mois et demi...

Je rejoins ma mère, dont le regard est devenu étrangement fixe et qui semble tenir debout par miracle ou par erreur. Je m'effondre en larmes sur son lit. Du coup elle se reprend, parce qu'une maman ça s'oublie pour consoler...

Une nuit de repos rend les perspectives différentes. Bien sûr le changement est radical. Sans être raciste, maman n'est pas très habituée à mélanger les couleurs et s'exaspère très vite de la lenteur de compréhension des serveurs. Inutile de tenter d'expliquer au personnel que le café en poudre n'est pas forcément décaféiné ou que ça gagne du temps d'apporter le sel et le poivre en même temps et non un par un. Un vent de mécontentement souffle sur Curepipe. Car nous ne sommes pas les seules à grogner. Toute l'équipe a les nerfs qui frisent. Il faut quelques jours pour harmoniser tout cela, comprendre, s'adapter, respecter les différences, oublier ses repères quotidiens.

Sur les murs de ma chambre j'ai accroché des saris de couleur, c'est déjà plus gai. J'ai découvert les boutiques hétéroclites de Curepipe. On y trouve un peu de tout. Marchander n'est pas mon fort mais je comprends très vite que j'ai intérêt à apprendre : ici, c'est la procédure habituelle. La visite du marché aux épices est, nous dit-on, incontournable. Sur la route qui y mène, je vois pour la première fois de ma vie des gens privés de leurs jambes marcher sur leurs mains avec des fers à repasser. L'image de l'infirmité me choque. Plus j'avance vers le marché, plus je croise de mendiants. C'est la première fois que je rencontre la vraie pauvreté. Elle me fait peur. Je tente de continuer mon chemin mais, plus je progresse, plus mon sentiment d'oppression s'intensifie. Soudain l'odeur âcre, quasi insupportable des épices mélangées envahit l'air.

J'ai comme un haut-le-cœur. Je fais demi-tour pour regagner l'hôtel à toutes jambes. Premier grand voyage, première confrontation avec une autre réalité. La misère.

Après quelques jours, le tournage commence. Et là nous découvrons vraiment l'île Maurice. Un émerveillement ! Je suis autant séduite par l'endroit que par ses habitants, leur hospitalité, leur gentillesse. Avec ça un mélange de cultures incroyable. Chinois, hindous, musulmans et toutes ces familles de Français très catholiques avec des noms à particule, qui descendent pour la plupart de nobles émigrés au XVIIe siècle. En général fort aisés, ils emploient un personnel souvent conséquent. À Maurice on parle le français, mais émaillé d'expressions locales que j'ai bien du mal à décrypter. J'ai mis par exemple un certain temps à comprendre qu'une « tante dans le caisson » désignait un sac dans le coffre de la voiture. Je n'imaginais pas non plus, en acceptant une invitation au « campement », me retrouver dans une sublime maison au bord de la mer... Tout aussi savoureuses sont les expressions employées pour mettre les figurants en place : « Tantine ! Avance en arrière » (recule) ou « pas guette caméra » (ne regarde pas la caméra) ou encore « bouge fixe » (je suis prêt).

Le tournage est l'événement de l'île, « la grande baise » (la grande fête). Tout le monde veut y participer. Chacun aussi veut organiser sa fête en notre honneur. C'est le sport du moment. La gentillesse des Mauriciens ne connaît pas de limite et ils tiennent absolument à nous faire goûter les spécialités locales. J'ai quand même eu un problème hier, en voyant arriver un cochon de lait entier sur la table. Je n'ai rien pu avaler de la soirée...

Je tourne tous les jours. Je ne vois pas beaucoup « Paul », mon partenaire, en dehors du plateau. Loin de ses parents, il a choisi de découvrir la vie. Nous tournons dans tous les coins de l'île. Car il fait beau partout. Sauf à Curepipe, bien sûr.

Tous les dimanches, nous partons pique-niquer sur l'île aux Cerfs, une île complètement déserte avec une paillote au milieu et un lagon magique où le sable a la douceur de la soie. Pas un coquillage ne vient troubler l'harmonie de ce merveilleux tapis tant le courant est fort... En face, l'île de l'Est, encore plus sauvage. Seuls les iguanes laissent leurs traces sur ses blancs rivages.

Plusieurs de mes partenaires, Claude Titre, Jean Vinci, Jacques Buron, nous font découvrir le nudisme. C'est une chose qui semble couler de source pour eux. Pour maman et moi, c'est un peu plus difficile. Ma mère, très jolie femme de quarante ans, s'étonne sans doute dans un premier temps de n'attirer le regard d'aucun des hommes de ce tournage, pour la plupart homosexuels. Une nouveauté pour nous deux : en province, en 1973, les mœurs n'étaient pas aussi libérées qu'à Paris.

Au crépuscule, le retour s'impose si nous ne voulons pas rester échoués sur les coraux. Mais, un jour,

Georges Marchal a voulu profiter des derniers instants. Instants fatals. À un quart d'heure près on ne passait plus. La barque était coincée. Et nous voilà en caravane à la queue leu leu, de l'eau jusqu'au nombril et nos paquetages sur la tête, évitant de notre mieux les concombres de mer au contact absolument répugnant... Une horreur !

Ce matin, exceptionnellement, je ne tourne pas. C'est mon jour de repos dans le plan de travail. Mais le chien de « Virginie » ne veut pas monter dans la voiture si je n'y suis pas. Il s'est pris d'affection pour moi. Il n'est pas dressé, mais le désir de me rejoindre lui fait traverser les rivières. Je suis toujours touchée au plus profond de moi par les manifestations d'amour spontanées des animaux, même si je dois dire que je me serais passée du voyage dans le coffre du minibus pour calmer ce magnifique toutou...

Il n'y a pas que les plages de sable blanc, à l'île Maurice. Il y a aussi la forêt, celle où les touristes ne vont pas mais où la narration d'une histoire nous entraîne, de gré ou de force. Cette forêt, infestée de mouches à cerfs, a eu la peau (c'est vraiment le cas de le dire) d'une bonne partie de l'équipe.

Les anecdotes ne manquent pas sur ce genre de tournage. Entre autres, la scène du naufrage du *Saint-Géran*, le bateau qui retransporte Virginie dans son île chérie, vaut son pesant de cacahuètes... Les accessoiristes sont sur le pont, dans tous les sens du terme. À chaque « vague » je me prends une bassine d'eau sur la tête. Les pompiers sont prêts, lance au poing, pour la finale. Manque de chance, une fausse manœuvre dirige le jet puissant de la lance à incendie tout droit sur... les coucougnettes d'un des accessoiristes, le mettant hors d'état de tout sur-le-champ !

La noyade de Virginie coûta pour sa part une fracture de la jambe au cameraman, alors qu'il courait sur un ponton, suivant le corps à la dérive qui s'enfonçait doucement dans l'eau.

L'enterrement de l'héroïne, lui, fut un moment de beauté inoubliable. Ce cortège de femmes en pleurs escortant le lit de fleurs sur lequel j'étais allongée, les complaintes des indigènes le long de cette interminable plage de sable blanc frangée d'une mer turquoise formaient un véritable tableau. Je m'y croyais vraiment, tant les femmes s'étaient elles-mêmes prises au jeu. Ma mère n'était pas venue sur le tournage ce jour-là. Me voir maquillée en morte juste avant mon départ lui avait suffi...

Ce tournage de mes seize ans a été une superbe aventure. Il évoque encore pour moi, aujourd'hui, une période magique. Avec le temps, la mémoire devient sélective. J'ai oublié la fatigue et les moments difficiles pour ne me rappeler que les beaux moments que nous avons vécus. Le souvenir des plages immaculées, l'ombre douce des filaos, la montagne mauve du Morne, le récif corallien encore intact délimitant le lagon turquoise... Autant d'images paradisiaques du bout du monde que j'aurais peur d'abîmer en y retournant aujourd'hui.

*
**

Au retour de l'île Maurice, je ne reprends pas mes études. J'ai retrouvé Flicka, ma mère a retrouvé mon père. Il n'a malheureusement pu nous rejoindre qu'une pauvre petite semaine durant ces trois mois, à cause de son travail. Je crois qu'il y a un peu d'eau dans le gaz... Mais, habituée à leurs escarmouches, je n'y prête pas plus d'attention que ça, captée par l'engouement flatteur dont je fais l'objet. La télévision m'a adoptée et me propose une nouvelle série : *Aurore et Victorien*. C'est un des rares films dans lesquels j'ai eu le bonheur de monter à cheval. La fidélité aux mœurs de l'époque aurait voulu que je chevauche en amazone, mais j'objectai qu'Aurore se conduisait en garçon manqué en toute occasion. J'eus gain de cause, ce qui me permit d'assurer moi-même tous les galops à travers champs sans avoir besoin d'une doublure.

Nous tournons à Sarlat, dans le Périgord. L'ambiance est chaleureuse, festive et gastronomique. Presque tous les soirs nous nous retrouvons au Fou du Roy pour dîner. Le repas terminé, il y en a toujours un pour lancer le jeu des « ambassadeurs » ou des « chaises musicales ». Les soirées gourmandes s'enchaînent, et les corsets sont de plus en plus difficiles à lacer... Le rôle de ma sœur est tenu par Chantal Nobel. C'est la première fois de sa vie, me dit-elle, qu'elle a pris sept kilos. Chantal Nobel... future héroïne de *Châteauvallon*, dont le destin basculera tragiquement, plus tard, en pleine gloire.

Les amis de Jean-Paul Carrère, le metteur en scène, sont nombreux à lui rendre visite sur le plateau. C'est à cette époque que je fais la connaissance de François Chalais et de sa femme Mei-Chen, qui deviendront et resteront des amis chers.

Le dernier épisode mis en boîte, quand nous quittons le château des Milandes où Joséphine Baker avait vécu jusqu'à une date récente avec tous ses enfants adoptés, nous avons tous le cœur un peu serré. Ces parenthèses de bonheur, quelle que soit la difficulté du tournage lui-même, ne se ferment pas si facilement.

Les propositions de travail s'enchaînent et me réclament de plus en plus à Paris. C'est alors que je dois prendre une décision qui me crève littéralement le cœur : me séparer de ma jument. En la remettant à son nouveau propriétaire, je me dis que plus jamais je ne serai capable de remonter... Je donne ma selle et tout mon matériel d'équitation. Le choc émotionnel est si fort que dans la nuit je perds mes cheveux sur la surface d'une pièce d'un franc. Ils ne repousseront jamais.

Il m'a fallu des mois voire des années pour me remettre de cette séparation. J'ai appris que Flicka n'a jamais répondu qu'à une voix féminine pour rentrer du pré, et qu'elle a mis au monde deux beaux poulains. Elle demeure à jamais associée à la plus belle période de ma vie.

Mon père a fait l'acquisition d'un joli deux-pièces sur les hauteurs de Montmartre. C'est là que débute ma vie parisienne. Du balcon je vois tout Paris. Ma voisine du dessous est chanteuse, mon voisin du dessus professeur de chant. Très vieux. La première deviendra mon amie, l'autre ma bête noire. Cet homme ne cesse de traîner je ne sais quoi au-dessus de ma tête, comme s'il passait sa vie à déménager. Dans le couloir qui résonne, sa voix de ténor accompagne ses « petites mignonnes » jusqu'à l'ascenseur. Je l'ai croisé une fois ; il m'a tellement fait peur que, depuis, je l'évite.

Simone Langlois, la dame du dessous, est la première chanteuse que je rencontre. Elle a des horaires d'un autre monde. Levée tous les jours à midi, elle fait ses vocalises dans la journée, à peu près à heure fixe. Puis elle donne ses coups de téléphone avant de monter dans sa grosse Mercedes, dont elle est très fière, pour aller à ses rendez-vous. Sa vie, occupée ou non, est réglée comme du papier à musique. Elle se couche tard. Je viens souvent papoter avec elle et partager un lait chaud au miel. Cela devient vite un rituel. Je découvre en l'écoutant les angoisses de l'artiste et sa fragilité. Sa force aussi face aux challenges, au temps, aux modes. Le rythme du show-biz et de Paris m'entraîne dans une sorte de tourbillon. Je sors pas mal. Je suis invitée régulièrement à des premières. Mais, très vite, je dois admettre que l'échange mondain n'est pas mon fort. Je ne me sens pas « équipée pour ». Je me trouve en décalage, probablement à cause de mon jeune âge et de la vie à laquelle j'ai été habituée jusqu'ici. C'est certainement à ce moment que j'ai commencé à devenir solitaire... Je préfère rester chez moi. J'écris beaucoup à cette époque. Sur la vie, sur l'amour, sur la mort...

Retrouvailles avec le théâtre. À l'automne 1975, on me propose une pièce pour « Au théâtre ce soir », véritable institution télévisuelle. Guillaume Hannoteau est l'auteur de la pièce et Jacques Mauclair le metteur en scène. Annick et Bernard Alane sont mes partenaires. Nous répétons pendant un mois ce spectacle que nous ne jouerons qu'une seule fois.

Le jour de l'enregistrement, je découvre avec terreur que le trac m'a rattrapée. Mon cœur bat à deux cents à l'heure, ma gorge est nouée à ne plus pouvoir déglutir, je ne me rappelle plus un mot de mon texte. J'entends mes camarades dérouler les phrases qui, inexorablement, vont entraîner mon entrée en scène, par une porte du décor. La main posée sur mon ombrelle, l'autre sur la poignée, j'ai l'impression que je n'arriverai jamais à pousser cette porte. Finalement, mue par le devoir et l'énergie du désespoir, j'y parviens et me retrouve sur scène dans ma superbe robe des années 1900, avec mes partenaires. Notre complicité et les papillotes d'Annick Alane font le reste. La peur se calme pour laisser place au plaisir de jouer. Et de partager cette joie avec le public.

Très peu de temps après, on me propose un téléfilm à tourner en Anjou : *Qui j'ose aimer*, adapté du magnifique roman d'Hervé Bazin. La nudité fait partie du personnage d'Isa, que j'interprète, mais elle me traumatise. D'autant plus que j'ai l'impression très désagréable que le metteur en scène en profite. Je connais peu d'actrices qui aiment se mettre nues devant la caméra. Le rôle le demande parfois, la vision du réalisateur de temps en temps, la mode trop souvent. Je déteste ça. Chaque fois que je me suis déshabillée, c'est que je ne pouvais vraiment pas faire autrement, ou alors que je ne savais pas encore dire non. En tout cas sur *Qui j'ose aimer*, c'est un passage obligé que je vis très mal. J'en suis redevenue boulimique. Mimi Young, qui joue ma sœur mongolienne, me suit dans mes orgies de miel et de gâteaux. Nous sommes devenues la bête noire des accessoiristes qui ne savent plus où planquer les biscuits. Et, pour couronner le tout, la propriétaire de l'hôtel s'ingénie à nous préparer le soir des brochets au beurre blanc et autres spécialités culinaires savoureuses mais pas franchement hypocaloriques.

Je joue le rôle d'une sauvageonne rousse et comme il se doit pleine de taches de rousseur : mon partenaire me les enlève à chaque baiser ! Il m'embrasse « pour de vrai » dans chaque prise. En fait il ne m'embrasse pas, il me débarbouille ! Je prends sur moi pour ne pas être désagréable, mais le dégoût finit par me rendre hystérique et je me réfugie en courant dans la salle de bains. Je finirai les scènes sous calmants.

Le jour de la diffusion du film, je vois le générique défiler sur mon postérieur. On a beau m'expliquer l'importance symbolique de l'image d'Isa nue tenant son enfant dans ses bras, cela n'atténue ni ma gêne ni ma colère. On ne m'enlèvera pas de l'idée que ce n'était pas indispensable.

Je partage ma vie entre la télévision et le théâtre. On me demande d'être la partenaire d'Yves Rénier dans *Commissaire Moulin*. C'est l'occasion pour moi de me transformer en brunette aux cheveux courts style étudiante des beaux-arts, en femme du monde à l'accent américain, ou en blonde platine sulfureuse aux ongles rouge rubis. Yves m'avait fait rêver dans sa série précédente, *Les Globe-Trotters*, dont je n'avais pas raté un seul épisode. C'était un plaisir de l'avoir comme partenaire.

Peu après, je repars dans le Périgord pour un autre téléfilm, *Léopold le Bien-Aimé*, qui m'offre le bonheur de rencontrer Georges Wilson, Henri Virlojeux, Emmanuelle Riva (l'inoubliable interprète de *Hiroshima mon amour*) et Jean Topart qui, de sa voix inimitable, sera le narrateur du film. Les répétitions se font chez Georges, à la campagne. Lambert, son fils, est là. Il n'a pas encore débuté dans le métier. Il est en train de faire des confitures. Quand on connaît la personnalité de son père, on se dit que ce ne sera pas facile pour lui de trouver sa place. C'est le cas de beaucoup d'enfants d'acteurs ou de personnalités qui choisissent la même voie que leurs talentueux parents. Lambert Wilson prouvera le contraire...

Le théâtre me rappelle bientôt avec une pièce qui avait été adaptée au cinéma par Paul Newman, *De l'influence des rayons gamma sur le comportement des marguerites*. J'ai pour partenaire Lila Kedrova, l'émouvante « Bouboulina » de *Zorba le Grec*. Quelle énergie ! Quelle force ! Lila est une merveilleuse actrice d'une grande générosité. Hier, elle est tombée de la scène dans le noir. Sa jambe n'est pas cassée mais sa cuisse est entièrement bleue. Elle souffre et continue malgré tout à répéter. De mon côté, j'ai des problèmes d'intendance avec le lapin que je tiens dans les bras au début de la pièce. Cette immobilité n'est pas à son goût, et régulièrement il me laboure le ventre pour s'échapper. La seule solution est de changer de partenaire. Un joli petit lapin nain blanc tout tranquille va me simplifier la vie et me combler de bonheur...

Film après pièce et pièce après film, je fais mon trou. On vient de me proposer *Le Météore*, de Dürrenmatt, au théâtre de la Commune à Aubervilliers, avec Claude Dauphin. Et en même temps un téléfilm dans l'Oise, à l'abbaye de Royaumont. C'est le metteur en scène d'*Aurore et Victorien* qui m'a demandée. J'ai vingt ans, de l'énergie à revendre, je me dis que les deux doivent être compatibles sur une courte durée. Mais avant de commencer à répéter je dois partir pour le Festival de télévision de Monte-Carlo. Je ne sais pas encore quelle surprise ce voyage me réserve...

À Monte-Carlo, au pied des escaliers de l'hôtel m'attend un beau jeune homme blond, un peu style Ryan O'Neil, qui ne va plus me « lâcher ». Je le croise « par hasard » dans les soirées du festival tous les jours qui vont suivre. Aucun doute : il n'a nulle intention de me laisser repartir comme ça. Pourtant je repars comme ça, car le devoir m'appelle...

Je commence les répétitions avec Claude Dauphin, qui est déjà bien malade. Sa gentillesse et son humilité

m'émeuvent. Son courage aussi. Il ne se plaint jamais.
Et pourtant je l'entends souffrir chaque soir en coulisses. Sitôt la représentation terminée, je prends ma
petite Autobianchi jaune pour faire les cinquante kilomètres qui séparent le théâtre d'Aubervilliers du lieu
de tournage du téléfilm. À minuit, les routes de campagne et les bois sombres ne sont pas très rassurants.
Je n'ai jamais été peureuse mais, malgré tout, la nuit
est revêtue de tant d'histoires de notre enfance qu'il y
a toujours un fantôme en filigrane. Je pousse à chaque
fois un soupir de soulagement quand j'atteins la grille
du domaine. Le tournage des *Amours sous la Révolution*
n'a duré que quatre semaines mais je me dis que c'est
beaucoup. Je suis fatiguée de ces allers et retours, je ne
m'amuse plus. C'est un comble. On ne peut pas tout
faire, mais dans ce métier tout arrive toujours en même
temps et il est difficile de choisir. Le choix ! L'incontournable choix. C'est le fil rouge d'une vie.

*
**

Les messages et les bouquets de fleurs de mon Moné-
gasque obstiné ont fini par avoir la peau de ma résis-
tance. Nous dînons ensemble à Paris et j'accepte un
voyage à Djerba, « en copains ». Les vacances, les attentions, le soleil, la mer et la chanson... Je partage très
vite mon temps entre Paris, Monaco, et une merveilleuse bastide dans le haut Var appartenant aux parents
d'Eddy. De cette liaison, qui va durer plusieurs années,
la plus belle chose que je garde est la découverte de
la vraie nature. Je l'avais toujours aimée, mais sans

connaître ses odeurs, ses secrets, ses silences. C'est Eddy qui me l'a apprise, cette nature qui allait tant me ressourcer par la suite...

Eddy est chasseur. Il adore partir au petit matin dans la fraîcheur et l'odeur si particulière de l'aube, accompagné de sa chienne, sur les traces d'un lièvre ou d'un sanglier. J'ai toujours détesté la chasse. Je conçois mal qu'on puisse ôter la vie par plaisir, par jeu. Pourtant, je dois reconnaître que, même si je suis contre le principe, les chasseurs ne sont pas tous semblables. Il y a certes parmi eux de gros abrutis, comme partout. Mais il y a aussi des hommes qui aiment, connaissent et respectent l'environnement mieux que personne. Mieux en tout cas que l'automobiliste du dimanche qui vide son cendrier sur la route ou laisse des sacs plastique vides dans la forêt.

La famille d'Eddy est certainement la seule « belle-famille » que j'ai jamais eue. Nous passons beaucoup de temps ensemble. Ces gens originaires du Nord ont cette chaleur et ce sens de l'hospitalité si bien mis en chansons par Pierre Bachelet, le goût de la fête et de la bonne chère. Le goût de la famille, aussi. Il m'a fallu un peu de temps pour marquer mon territoire auprès de ma « belle-mère » mais, maintenant, c'est le nirvana. En revanche Estelle, la petite fille de deux ans qu'Eddy a eue d'un premier mariage, défend farouchement son domaine... Cette chipie de déjà petite bonne femme s'y entend à merveille pour monter les uns contre les autres, de préférence son père contre moi. Eddy n'est pas dupe et fait de son mieux pour arrondir les angles, mais je ne suis pas patiente. J'ai vingt ans, je suis gâtée par l'existence, possessive, exclusive. Les discussions, parfois houleuses, font ressortir mon évident manque de maturité : cette petite peste grignotait ma place.

Et pourtant... Pourtant, c'est ce petit bout de chou qui deviendra, bientôt, la plus précieuse alliée de ma convalescence...

L'amour qu'Eddy me porte n'a d'égal que sa jalousie maladive. Ses discours moralisateurs sur la précarité de mon métier semblent faire fi de tout ce que j'ai déjà accompli. Et j'estime être en droit de vivre ce qui me procure tant de bonheur. À cette époque, pour des raisons professionnelles et au grand dam de mon ami, je partage mon temps entre Paris et Monaco – quinze jours ici, quinze jours là. Nous vivons ainsi ensemble à mi-temps, ce qui ne satisfait aucun de nous.

Par amour et par lassitude face à des discussions sté-riles, je finis par envisager de changer de vie, tout en priant pour que quelque chose se produise et me sorte de l'engrenage où je me suis laissé prendre.

J'ai appelé les anges trop fort, j'ai dû les déranger...

– III –

L'ÉPREUVE

Depuis plusieurs mois il m'arrivait d'avoir de loin en loin de violentes douleurs inexpliquées dans le ventre. Mon gynécologue de l'époque me soutenait qu'elles étaient d'origine nerveuse. Il pensait que j'étais douillette et que j'en rajoutais. Quoi de plus normal, j'étais comédienne ! Alors forcément, j'avais des humeurs, des angoisses et des états d'âme. La souffrance pourtant s'installait, et devenait d'autant plus difficile à supporter que sa cause n'était pas identifiée. Quand on sent intuitivement que quelque chose ne va pas dans son corps, que le mal n'est pas anodin, la peur s'installe. Plus les mois passaient, plus je me trouvais seule face à cette énigme angoissante. J'avais l'impression d'aller vers quelque chose d'inéluctable. Je me suis mise à penser à la mort, mais je ne savais pas à qui en parler puisque personne ne me prenait au sérieux. Il allait s'écouler deux ans avant qu'un diagnostic soit posé devant l'urgence !

Noël 1978. Mes parents sont descendus fêter le réveillon avec nous. Moi, je le passe au lit chez les parents de mon ami, grelottant sous les couvertures. Je pense faire une bonne grippe...

Vingt-quatre heures plus tard, mon état ne s'améliorant pas, on fait venir un médecin qui semble comprendre tout de suite de quoi il s'agit. Il diagnostique une infection gynécologique et me donne rendez-vous le lendemain à son cabinet. Là, je fais un bond en hurlant dès qu'il commence l'examen. Il n'insiste pas, et me regarde dans les yeux.

— Dans l'état où vous êtes, je ne touche pas. Vous allez d'urgence consulter le professeur Sallat-Baroux, à Paris. C'est un grand spécialiste de la microchirurgie. Je l'appelle cet après-midi de mon côté. Je vous donne ses coordonnées...

Je suis en même temps inquiète et rassurée. Pour la première fois on me prend au sérieux et je vais peut-être – enfin ! – savoir ce qui se passe dans mon corps. Je file à Paris.

Le Pr Sallat-Baroux me reçoit très rapidement et me prescrit des analyses avant de décider quoi que ce soit.

— On va faire une cœlioscopie [1], me déclare-t-il à la consultation suivante, au vu des résultats du laboratoire. Comme ça, on saura exactement de quoi il retourne. Ne vous inquiétez pas, c'est un examen sous anesthésie générale.

---

1. Examen endoscopique de la cavité abdominale au travers d'une petite incision de l'abdomen.

Je n'avais jamais été à l'hôpital de ma vie... Mais je veux savoir, une fois pour toutes.

Juste avant la cœlioscopie, le professeur vient me parler.

– Je ne pense pas devoir en arriver là, mais je vous pose quand même la question : si je vois vraiment quelque chose, est-ce que je peux opérer dans la foulée ?

– Je préfère. Allez-y ! Faites ce que vous jugerez utile. Je vous fais confiance.

Quand je me suis réveillée, j'avais un énorme pansement sur le ventre. Le professeur est venu m'expliquer que mon abdomen était envahi de minuscules tumeurs qu'il avait dû éliminer.

– Je n'ai jamais vu ça ! Vos analyses ne pouvaient pas laisser soupçonner une atteinte de ce genre. Dans quatre mois on fait une cœlioscopie de contrôle, mais je pense que tout ira bien.

Rien de très folichon dans ces semaines passées sur mon lit d'hôpital, et pourtant j'étais de très bonne humeur. Des amies venaient me voir. Je passais mon temps à faire le clown, et je devais contenir les fous rires qui montaient pour un rien malgré la douleur, afin de ne pas faire lâcher mes points de suture. Eddy était très présent. Il ne reculait devant aucun de mes caprices d'ordre gustatif. Je me souviens d'un tartare qu'il était allé me chercher au restaurant d'à côté. J'avais des envies de femme enceinte...

*
**

En sortant de l'hôpital, je suis allée me reposer chez mes parents en Savoie. Trois mois environ après l'intervention, je me sentais bien, j'avais retrouvé tout mon allant.

Ce jour-là, nous étions tous partis en promenade au col de la Forclaz. C'est du sommet de cette falaise que s'élancent les ailes volantes pour planer au-dessus du lac. C'est magique, et drôle parfois car certains ratent leur départ de façon plutôt cocasse.

En plein rire, une douleur fulgurante dans le ventre me plie en deux. Ce mouvement violent n'échappe pas à ma mère, qui plonge son regard dans le mien. Sans que j'aie besoin de dire un mot, elle comprend.

— Qu'est-ce que tu veux faire ?

— Rentrer à Paris. Il faut que j'aille à l'hôpital.

Nous avons toujours été très proches l'une de l'autre. Sans doute a-t-elle deviné avant moi que quelque chose de grave se tramait.

Je suis repartie le lendemain. Le soir même j'étais hospitalisée. Sallat-Baroux a refait aussitôt une cœlioscopie. Ce qu'il a vu ne lui a pas plu. Pas du tout.

— Je suis désolé, m'a-t-il dit à mon réveil, mais il faut procéder à l'ablation d'un ovaire.

Sur l'instant, je me suis sentie désespérée. Puis je me suis raisonnée. Ma mère avait eu un problème similaire dans sa jeunesse et ça ne l'avait pas empêchée de me mettre au monde. Finalement, ce n'était pas si dramatique...

— D'accord ! ai-je fini par répondre au Pr Sallat-Baroux. Mais laissez-moi d'abord sortir un peu de l'hôpital. Je veux juste faire quelque chose, n'importe quoi, pendant que je suis encore « entière ».

Et là, je suis allée tourner pendant trois jours une panouille pour un rôle minuscule dans *French Postcards*. Marie-Anne Chazel et moi n'avions qu'une petite scène dans une librairie mais c'était très sympa. Et le lien particulier que nous avons eu ce jour-là reste un souvenir très fort. Comme bien des moments de cette période de ma vie où tout s'est inscrit au fer rouge.

*
**

L'intervention est programmée pour le mois d'août. La veille de mon entrée à l'hôpital, ma mère tourne et vire dans mon petit appartement parisien pendant que je suis en train de lire sur mon lit. Son manège finit par s'arrêter à la porte de ma chambre.

— Mais pourquoi me regardes-tu comme ça ?
— Parce qu'il faut que je te parle.
— Eh bien parle ! Je t'écoute...
— Il faut que je te dise la vérité.
— Quelle vérité ?
— Celle que personne ne veut t'avouer. Tu es ma fille chérie, je ne peux pas te laisser partir demain à l'hôpital sans que tu sois au courant...

Je ne pouvais pas imaginer ce que j'allais entendre, tellement j'étais loin de la réalité.

— Tu dois savoir. On ne va peut-être pas t'enlever qu'un ovaire. Il y a un risque que ce soit tout.

— Comment ça, tout ?

— Tout ! Les deux ovaires, l'utérus, tout ! C'est pour cela qu'il faut que tu saches.

Je me souviens d'avoir reçu ses paroles comme un coup de couteau. La douleur m'a clouée sur mon lit après m'avoir transpercée de part en part. Le monde s'est brusquement arrêté de tourner. Maman a ouvert la bouche pour dire autre chose, j'ai hurlé :

— Laisse-moi !

— Mais...

— Laisse-moi, je veux être seule...

Elle est sortie sans un mot. Ma mère était au supplice, mais elle savait aussi qu'il n'y avait rien à faire ni à dire à cet instant. Toute petite, à quatre ans, j'avais été séparée de mes parents et envoyée dans une maison d'enfants à la montagne, à la suite d'une erreur de diagnostic d'un pédiatre débutant, qui n'avait pas tenu compte du fait que je sortais d'une coqueluche. Après les visites autorisées, je retenais mes larmes, les poings serrés dans les poches de mon minuscule manteau rouge. « C'est un petit soldat courageux », avait dit la monitrice... J'ai toujours retenu mes larmes. Le flot vient en général à contretemps.

Ce jour-là, le « petit soldat » s'est fermé à double tour. J'en ai voulu à mon père d'avoir imposé le silence autour de moi... J'avais tort de penser ainsi. On ne peut juger personne. Chacun réagit à sa manière en fonction de ses armes, de sa sensibilité, de ses problèmes et de ses propres angoisses. Les réactions des gens — fussent-ils des proches — nous déroutent parfois car nous avons toujours tendance à idéaliser nos parents, à les placer sur un piédestal en oubliant que ce sont avant tout des êtres humains. Avec leurs failles et leur propre ressenti.

— J'essayais de te protéger ! m'a répondu papa quand je lui ai reproché de ne m'avoir rien dit.

Lorsqu'on est dans sa propre souffrance, il est difficile de se mettre à la place de l'autre. Probablement mon père pensait-il vraiment me protéger en me cachant la vérité.

Peut-être ne plus pouvoir avoir d'enfant... Il faut avoir du temps pour réaliser, pour se faire à une idée aussi dure. On ne peut aborder une telle opération qu'en pleine conscience de ce qu'elle implique. Car entre le moment ou l'on va être endormie et celui on l'on se réveillera, il y a ces heures et ces minutes qui vont changer votre vie entière et faire tomber tous vos repères. Rien ne sera jamais plus comme avant...

*
**

Le lendemain, je ne suis pas entrée à l'hôpital comme prévu. Je voulais réfléchir, essayer à tout prix de rester femme. Et puis, pourquoi pas, me faire faire un enfant tout de suite, tant que je le pouvais peut-être encore... Je ne savais plus où j'en étais ni quelle serait la bonne décision. Je repoussais sans cesse le moment de reprendre date pour l'intervention. Je cherchais à rencontrer des femmes qui avaient subi une opération de ce type, j'avais besoin d'en parler. Je cherchais tout ce qui pouvait m'aider à affronter cette opération avec un maximum de chances d'éviter le pire. J'ai même essayé la macrobiotique. C'est là que j'ai découvert l'importance de l'hygiène alimentaire. Pendant deux mois, sans faire un écart, j'ai suivi ce régime. J'ignorais jusqu'alors qu'il existait des restaurants macrobiotiques. Si mes amis voulaient dîner avec moi, ils devaient partager ma soupe miso au riz complet et aux algues izikis. Je leur faisais découvrir cette nouvelle façon de s'alimenter. Tous n'étaient pas emballés, loin de là, mais ils se pliaient sans broncher à mes « fantaisies », par amitié ou par curiosité.

Le risque de mourir passait au second plan derrière cette perspective monstrueuse, inacceptable : n'être jamais maman. Et tout en moi le refusait. Je n'imaginais pas la vie sans enfant.

À force de me renseigner, de remuer ciel et terre, je réussis à trouver une clinique qui s'engage à me laisser « entière ». Une date est envisagée pour l'intervention mais avant de prendre une décision définitive je veux malgré tout en parler avec le Pr Sallat-Baroux.

– Je suis content que vous m'appeliez, Véronique. Écoutez ! Je ne sais pas ce qu'on raconte autour de vous, mais moi je vais vous dire la vérité. Le professeur Debrucks est un des plus grands « ana-path » (anatomo-pathologistes pour les non-initiés) qui soient. Il a seulement rencontré un cas semblable au vôtre en cinquante ans de carrière. Vous êtes envahie de cellules frontières, disons de petits grains verts. Si un seul de ces grains verts tourne au noir, à votre âge, vous en avez pour six mois ! Et on ne pourra plus rien faire.

Vous avez quelque chose de galopant qu'on ne sait pas gérer et dont on ne connaît pas exactement l'origine. C'est probablement hormonal. Un cancer « *border line* ». Si l'une de ces cellules bascule, une seule, ce sera fulgurant ! Est-ce que vous m'entendez ?

J'ai marqué un blanc au téléphone avant de répondre :

— D'accord... J'ai compris. Quand est-ce que je peux entrer ?

— Quand vous voulez, mais le plus vite possible.

— Bon, alors demain.

Ma décision est prise. Il me reste à l'assumer. Je traverse Paris, murée dans mon désespoir, Je ne parviens pas à accepter ce qui m'arrive. Je vais dans le parc de Saint-Cloud, là où a commencé ma vie de Parisienne. Tout cela me semble si loin... J'avais quinze ans et tous mes rêves. Aujourd'hui j'en ai vingt-deux. Mon adolescence a été brève. J'ai connu tôt les responsabilités de la vie active. Et maintenant ma vie de femme est à peine commencée que déjà elle se termine. Je ne me marierai jamais. Les hommes veulent toujours faire un enfant à la femme qu'ils aiment et moi je ne pourrai pas leur en donner. Je ne serai plus comme les autres. Je serai une femme à part, avec cette blessure intérieure qu'il faudra chaque fois taire pour faire comme si... Non ! Ce n'est pas possible ! Le chirurgien sauvera mon ovaire gauche, il ne m'amputera pas totalement...

J'arrête ma voiture au pied des grands arbres. Je monte le sentier qui mène en haut du parc, là où les prés s'étendent en dominant Paris. Je m'allonge sur le ventre les bras en croix, et je demande de toutes mes forces à la terre de me garder près d'elle.

J'ai toujours eu un rapport très fort avec la terre. La terre et tout ce qu'elle porte. Quand je dis « j'aime la nature », je ne parle pas d'un ravissement bucolique mais d'une fusion totale. J'aime toucher la terre, planter un arbre ou marcher en admirant les couleurs des saisons.

Dans ma détresse, ce jour-là, c'est la terre que j'ai priée...

*
**

En revenant à la maison, j'ai tenu à appeler mon premier gynécologue, celui pour qui mes douleurs étaient dues aux nerfs...

Je lui ai simplement dit :

— Monsieur B. je pourrais vous faire un procès mais je n'en ai même pas le cœur.

— Mais...

— Laissez-moi terminer ! Je rentre demain à l'hôpital pour une hystérectomie. Et peut-être une totale. Ma vie de femme s'arrête et j'ai vingt-deux ans. Quand on se plaint de telles douleurs abdominales, un médecin digne de ce nom demande une cœlioscopie. On ne prend pas le parti de décréter que c'est psychosomatique sans avoir établi un diagnostic sérieux. Peut-être écouterez-vous un peu plus vos patientes à l'avenir !

Il y a eu un très long silence, que j'ai laissé s'éterniser avant de raccrocher... Je tairai bien sûr le nom de ce praticien qui fait partie de ces médecins assis sur la certitude de leur science et qui ne se remettent jamais en question.

Le lendemain matin, je me suis rendue à l'hôpital avec ma petite valise pour subir une intervention qui allait changer ma vie à jamais.

Dans ces moments-là, on ressent une telle solitude que je ne me souviens plus si j'y suis allée seule ou si ma mère m'a accompagnée. En revanche, je me rappelle très bien qu'elle était là dans la salle de réanimation.

Mes yeux à peine ouverts cherchent les siens. Ce que j'y lis est – hélas ! – l'irréversible. Je referme mes paupières, je ne veux plus vivre. Je m'enfonce dans un gouffre sans fin où je me laisse aller, encore sous l'effet de l'anesthésie. Reculer le moment, le reculer encore et encore, ne pas savoir que l'espoir a définitivement sombré, que c'est fait. Je rêvais d'avoir un enfant depuis l'âge de seize ans. Pour moi, c'était la fonction première d'une femme. Incapable désormais de donner la vie, je ne suis pas loin de penser que je n'aurais jamais dû naître. Ma place n'est plus sur terre...

L'impulsion et les claques données par les infirmières me forcent à revenir...

On me reconduit dans ma chambre. Je ne suis que douleur... Maman essaie de me passer au poignet le bracelet de mes vingt ans qu'on m'avait enlevé en me préparant à l'opération. Mais je souffre tellement que tout contact m'est intolérable. Je ne veux pas qu'on me touche.

Pour ma première intervention, j'avais tenu à avoir

une chambre seule. Pour la deuxième, non. Dans la chambre qui m'a été attribuée, il y a une femme, la cinquantaine peut-être, qui a été opérée quelques jours auparavant : ablation de l'utérus. Depuis que je suis revenue de la salle d'opération, la douleur déchire mon ventre. J'ai la main sur la sonnette en permanence pour réclamer des calmants. Je revois cette femme – dont j'ai oublié le prénom mais jamais le visage – se lever, encore pliée en deux par sa propre souffrance, pour s'approcher de moi. J'ai l'âge d'être sa fille. Le contact de sa main et ses mots rassurants m'apaisent. Je ne suis que douleur, elle n'est qu'amour. Mère avant tout, elle oublie son mal pour soulager le mien.

Aujourd'hui, c'est dimanche. Le personnel est en effectif réduit. J'ai soudain quarante et un degrés de fièvre et je commence à délirer en réclamant mon bébé et mon chien. L'anesthésiste est appelé d'urgence... Il diagnostique un début de septicémie. Branle-bas de combat, la situation est grave. Le clic-clac accéléré des chaussures des infirmières résonne dans le couloir. Elles vont se succéder sans relâche à mon chevet jusqu'au lendemain. Je hais les piqûres, mais quand on n'a pas le choix... Là, en l'occurrence je ne l'ai vraiment pas, c'est une question de vie ou de mort. Michel, l'anesthésiste, n'en mène pas large. Je peux lui filer entre les doigts, il le sait. La couverture massive d'antibiotiques que l'on m'injecte à intervalles réguliers pendant quarante-huit heures finit par avoir le dessus.

C'est beaucoup plus tard que j'apprendrai que tout a bien failli se terminer là...

Maman vient chaque jour m'apporter de la compote ou du riz au lait maison, elle sait que j'adore ça. Eddy va et vient mais, bien qu'il fasse de son mieux, ça tombe toujours mal.

La maladie est dure à supporter pour celui qui la subit, mais elle l'est aussi pour son entourage. Les proches ne savent pas comment l'aborder, ni comment vivre ce sentiment d'impuissance. C'est pour eux une autre forme de calvaire et la maladie d'un enfant est sans aucun doute une des pires épreuves pour des parents.

Je ne vois pas beaucoup mon père. Je ressens cette absence comme un abandon. Je ne remets pas en cause l'amour qu'il me porte, mais la façon dont il le manifeste. Il s'est mis à jouer au golf comme un fou parce que pour lui c'est un exutoire. Accepter que sa fille adorée soit peut-être condamnée est sûrement au-dessus de ses forces. J'ai souvent remarqué que le comportement des femmes face à la souffrance ou à la douleur est plus courageux que celui des hommes, à de rares exceptions près.

*
**

Une des premières choses que j'ai faites, dès que j'ai pu bouger de mon lit, a été de descendre à la nurserie voir les nouveau-nés dans leurs petits berceaux translucides ou dans leurs couveuses. Ce n'était pas une démarche trouble de ma part. Je venais simplement contempler une dernière fois ce que je n'aurais jamais. C'était ma façon de tourner la page.

Peu à peu, en effet, l'instinct de conservation a joué. Mon tempérament ne me portait pas à rester cloîtrée dans ma chambre, repliée sur cette souffrance omniprésente du corps et de l'âme. Ma victoire au jour le jour était de garder ma bonne humeur, de donner le change, de brûler les étapes de la convalescence. Adaptant le principe selon lequel la fonction crée l'organe, c'était moi qui remontais le moral des troupes.

Le petit soldat avait repris les armes.

En fait, c'est l'annonce de la guerre qui vous abat. Après vient la bataille. Et c'est la bataille de votre vie. Il faut la gagner. Une énergie particulière se réveille à ce moment-là. Ça peut partir un peu dans tous les sens au début mais une vraie force naît. C'est dans les grandes épreuves que l'on se teste, que l'on se révèle à soi-même.

Ma compagne de chambre est repartie. Quelqu'un d'autre l'a remplacée. Une jeune femme. Elle ne décolère pas car il n'y a pas de chambre seule disponible. Ironie du sort, elle vient pour un curetage... Je me dis que la vie est mal faite. Elle ne veut pas d'enfant et moi j'aurais tout fait pour en avoir. Elle est pleine de colère et de caprices, et moi j'essaie d'accepter l'inacceptable. Je regarde ma cicatrice comme une injuste condamnation.

Une nouvelle patiente vient d'arriver dans le service. La femme de mon chirurgien — j'ignore pourquoi elle est toujours sur les lieux — m'a demandé si je pouvais essayer de lui parler. Elle n'arrête pas de pleurer. Elle a dix-neuf ans et doit subir la même intervention que moi.

Je commence à pouvoir me déplacer, accompagnée de mon « pied roulant ». Je me rends jusqu'à la chambre de Marie-Christine, la jeune patiente en question. Tant d'émotions se bousculent dans son regard ! Je tente de lui expliquer ce dont j'ai l'air très convaincue, à savoir qu'être une femme ne se limite pas à faire un enfant mais implique plein d'autres choses. Qu'il faut accepter, transcender sa vie. Je lui dis aussi que la douleur est un mauvais moment à passer mais que ça ne dure pas. À mon tour je prends le relais de l'espoir, et... je me persuade en même temps qu'elle ! Je suis en fait en pleine « migration intellectuelle » vers mon autre vie. La mère de Marie-Christine dort près d'elle sur un transat. Elle ne la quitte pas. Sa fille ne peut pas s'alimenter à cause des rayons qu'elle a subis, elle est nourrie par cathéter.

Il y a tant de souffrance et de solitude dans l'univers hospitalier... Je me souviens d'une vieille dame atteinte d'un cancer généralisé. Je n'ai jamais vu personne lui rendre visite. Ses enfants ne venaient plus la voir. C'était triste. Le jour où je suis entrée dans sa chambre, elle m'a regardée d'un drôle d'air.

— Vous voulez quelque chose ?

— Non, rien, je suis dans la chambre d'à côté, je venais bavarder un peu avec vous.

Son visage s'est illuminé. Et un peu de mon cœur

aussi quand j'ai vu le plaisir qu'elle prenait à converser avec quelqu'un. Mes visites ne duraient pas des heures, mais elles coupaient la journée. Et puis, un matin, les infirmières ont fermé les portes des chambres et un brancard est passé dans le couloir. Elle était partie dans la nuit. Comment ses enfants ont-ils pu la laisser s'en aller ainsi sans amour, dans cette solitude ?

*
**

En sortant de l'hôpital, j'éprouve une impression terrible. Tout me fait peur. Tout va trop vite. D'une certaine façon protégée dans le monde hospitalier, j'ai eu l'illusion que tout s'était arrêté, mais tout continue. Je me sens totalement démunie de retour dans une vie où je n'ai plus mes repères. Je suis dans mon appartement de Montmartre. Le miroir me renvoie une image insupportable. Mon corps à l'horizontale sur le lit d'hôpital ne m'avait pas semblé si décharné, si abîmé. Je ne vois que mes hanches tuméfiées et cette cicatrice qui me barre le ventre. Je ne sais pas quoi faire de moi. Incapable même de prendre une décision. Mes parents souhaitent comme une chose naturelle que je passe ma convalescence chez eux. Eddy insiste pour que je vienne chez lui.

Afin d'éviter avec mon ami une polémique que je ne me sens pas la force d'affronter, je retourne chez Eddy à Roquebrune-Cap-Martin. Mais quelque chose est cassé entre nous. Pas à cause de mon intervention : à cause de sa jalousie maladive. À l'hôpital, un jour, il m'a fait une scène, jugeant que l'anesthésiste passait un peu trop de temps à mon chevet. Je l'ai très mal supporté. S'il n'avait pas la générosité de comprendre combien m'étaient nécessaires la compagnie et l'attention chaleureuse de cet homme qui me rassurait, tant pis ! Ce jour-là Eddy est parti brutalement, estimant être la cinquième roue du carrosse. Et je n'avais plus eu envie qu'il revienne.

Pourtant j'ai cédé. Je commence la chimiothérapie prescrite par Sallat-Baroux et je ne me sens pas en état de faire face à une rupture. Je dois me battre sur d'autres fronts. Je ne m'entends pas du tout avec le Dr Z., mon chimiothérapeute. Il est tout ce que je déteste : macho, misogyne, et sûr de lui jusqu'à l'absurde. Il ne supporte pas non plus que les malades gardent leur libre arbitre et discutent le traitement. Heureusement il y a Sallat-Baroux avec qui j'ai un vrai dialogue. Je ne fais aucun examen prescrit par « Z. » sans solliciter son avis préalable. Je n'aurai qu'à me féliciter de cette précaution...

Lors de l'une de mes visites à l'hôpital, je demande des nouvelles de Marie-Christine. Elle n'est plus là. Elle semblait pourtant se rétablir quand j'avais quitté les lieux. Malheureusement j'apprends qu'un problème de hanche a donné lieu à une opération, suivie d'une occlusion intestinale, et que Marie-Christine a rejoint les anges. J'imagine la douleur de ses parents. Je la revois sur son lit alors que nous discutions. Je me souviens de son courage. Je revois sa mère allongée sur ce transat, le visage de son père quand je l'ai croisé... Dix-neuf ans ! J'en avais trois de plus et je me sentais tellement plus vieille... Elle n'est plus là, et moi si. Mais je ne sais pas pour combien de temps.

Sallat-Baroux me l'a répété, jamais encore il n'a rencontré un cas semblable. Il ne sait toujours pas ce que c'est, mais le risque est trop grand : la chimiothérapie se révèle indispensable.

Je n'ai accepté ce traitement qu'à la condition de ne pas perdre mes cheveux. C'est une idée fixe, et mon chirurgien m'a promis de faire en sorte que j'échappe à la calvitie, même temporaire. J'ai donc droit à des intramusculaires, un cocktail de médicaments plus un traitement d'immunothérapie pour stimuler les défenses de l'organisme, ce qui est capital...

Je me souviens du premier rendez-vous de chimio. Pour accéder à l'endroit des soins, il fallait passer par la maternité. Quand je me suis retrouvée face aux futures mamans qui promenaient d'un air las leurs ventres gonflés, je n'ai pas pu continuer, c'était au-dessus de mes forces. J'ai fait demi-tour en courant. Je suis rentrée chez moi et j'ai rappelé le médecin.

— Je ne suis pas venue aujourd'hui.

— Oui, j'ai vu. Je peux savoir pourquoi ?

— Je vais vous le dire : parce que pour arriver à votre service il faut traverser la maternité. C'est un rapprochement que vous n'avez peut-être jamais fait, mais c'est une épreuve terrible dans un cas comme le mien. Il y a forcément un autre chemin.

Ça, le Dr Z. veut bien le comprendre. Pour la fois suivante, il m'indique un autre itinéraire.

J'ai affaire à son assistante aigrie, et probablement jalouse de ce que je représente. Elle prend son pied à me faire sur le ventre des « micro-incisions » de dix centimètres pour les tests de réactivité. Quand je lui demande si les scarifications ont vraiment besoin d'être aussi grandes, elle marmonne en haussant les épaules. Du haut de son pouvoir, répondre à une question aussi grotesque lui paraît de toute évidence superflu. J'en parle alors à mon chirurgien qui s'abstient de commenter ce comportement, mais semble néanmoins contrarié. Dès lors, il se chargera des incisions lui-même : deux centimètres suffisent amplement.

Il faut être deux pour guérir. Le travail du médecin est une chose mais c'est avec la conscience et l'implication de son patient qu'il a le plus de chances de réussir...

Le traitement doit durer dix mois, à raison d'une séance tous les mois.

Mais l'aspect physiologique est indissociable de l'aspect énergétique, lequel est loin d'être un détail. On ne sort pas indemne de deux opérations successives et de trois cœlioscopies dans un délai aussi rapproché. J'avais déjà pu profiter du service d'acupuncture de l'hôpital, dirigé par le Dr Rafal. C'était une chance. Mes parents étant depuis longtemps des adeptes des aiguilles chinoises et de l'homéopathie, j'avais été très tôt initiée à ces médecines. Ma mère était très calée dans ce domaine et en avance sur son temps. Elle a été dans ce combat une alliée de chaque étape.

Elle connaissait le Pr Nogier à Lyon, le père de l'auriculothérapie, qui m'a soignée d'une façon étonnante afin de réharmoniser mon corps. Je posais des questions sur tout. Je voulais savoir. Quoi, comment, pourquoi. Il me répondait patiemment. En souriant. Cet homme était un géant, dans tous les sens du terme. J'ai été frappée par son humilité. Ses explications me « parlaient », elles me semblaient logiques, jusqu'à la fermeture de la cicatrice sur le plan énergétique.

J'ai aussi consulté le Dr Puget. Une personnalité différente, beaucoup plus extravertie. Passionné, et toujours en recherche, il s'est appliqué, avec un cocktail d'injections adapté, à renforcer mes défenses immunitaires pour me donner la force de lutter contre l'agression chimique et le désordre hormonal inhérent à l'intervention que je venais de subir.

Si je suis tellement attachée aux médecines parallèles, c'est parce que l'approche du malade y est différente. On ne soigne pas un patient comme un autre, on respecte le « terrain » de chacun. Tant sur le plan physiologique que sur le plan émotionnel. Dans les médecines parallèles, le patient participe et reste actif. Ce n'est pas pour autant qu'il faut se dire que l'on soigne tout avec l'homéopathie ou l'acupuncture. L'allopathie reste indispensable dans certains cas. L'alliance des trois est certainement l'idéal. On a fait des progrès dans ce sens aujourd'hui mais il y a encore beaucoup de chemin à parcourir, d'a priori à combattre et de monopoles à bousculer.

*
**

La vie vous ménage parfois des aides insoupçonnées. Eddy prenait sa fille Estelle un week-end sur deux, comme tous les papas divorcés. Cette délicieuse chipie blonde, belle comme le jour, que j'avais vue pour la première fois sur son pot, avait du haut de ses deux ans défendu son territoire avec fougue, je l'ai dit, et j'avais mal vécu cette situation.

Or, après mon intervention chirurgicale, bizarrement, cette enfant est devenue ma passerelle vers la vie. Nous construisions ensemble des cabanes dans la colline. Je ne supportais plus les adultes, particulièrement les hommes. Je rejetais tout ce qui se passait en dessous de la ceinture, je me trouvais totalement diminuée. Or avec ma jeune amie, curieusement, je n'avais pas honte de mes faiblesses.

Car je fatiguais vite, et je vivais ces déficiences comme une déchéance. À cause de la chimio, tout m'était devenu difficile. Je n'arrivais plus à saisir les objets, je les laissais tomber, je marchais deux fois, trois fois sur les guirlandes de Noël que je voulais accrocher sans y parvenir. Je ne maîtrisais plus mon corps. Il m'arrivait de piquer des colères. Je partais alors marcher en pleine nuit. Je n'allais pas loin mais il fallait que je fasse quelque chose. C'était ma façon de hurler, de dire : merde-putain-bordel-fait chier !

Peu à peu, pourtant, j'ai pu recommencer la gymnastique, puis le tennis. Je retrouvais la dynamique de mon corps. Jamais je ne l'avais autant apprécié. Il avait fallu qu'il m'abandonne pour que je prenne conscience de lui. Au bout de quelques mois, j'étais physiquement en forme. Moralement, c'était une autre affaire... J'avais tellement d'idées noires que je ne me sentais plus de goût à rien.

Le métier allait, à ce moment si critique, m'offrir le plus beau des billets pour la renaissance...

– IV –

RETOUR À LA VIE

En 1979, sans le savoir, Alain Delon m'a probablement sauvé la vie.

Je suis sortie de l'hôpital depuis cinq mois. Je passe quelques jours à Annecy et me prépare à aller skier lorsque je reçois un coup de téléphone de mon agent : Pierre Granier-Deferre veut me voir pour un film avec Delon.

Je connais en fait Alain depuis plusieurs années. Nous nous sommes rencontrés fortuitement lorsque je faisais la postsynchronisation de *Paul et Virginie* aux studios de Boulogne-Billancourt. J'étais en train de réviser mon texte, j'ai vu une silhouette passer devant moi. J'ai levé le nez : Alain Delon ! Tétanisée de me trouver à un mètre de mon idole, je me suis replongée aussi sec dans ma lecture. J'ai senti qu'il repassait une deuxième fois, une troisième fois, pour finir par s'arrêter en mettant un pied sur le banc où j'étais assise.

– Bonjour !

– Bonjour.

– Vous êtes comédienne ?

— Oui !

— Vous êtes là pour quoi ?

— Je postsynchronise le feuilleton que je viens de terminer.

Nous avons échangé quelques mots à ce sujet et sur la manière dont s'était passé le tournage, puis il m'a demandé mes coordonnées avant de me laisser à mon travail. Il m'a rappelée à deux ou trois reprises pour prendre de mes nouvelles.

Nous nous sommes croisés à nouveau deux ans plus tard, peu après la rediffusion de *Paul et Virginie*. Il est venu vers moi pour me dire bonjour. Sourire craquant.

— Tu vas bien ?

— Oui, merci.

Silence... Regard inquisiteur et charmeur, tout en tapotant sa cigarette sur mon épaule, geste amical mais maxissimo macho... Je ne savais plus où me mettre et je priais pour que ça ne se voie pas trop.

— Tu es encore trop jeune, m'a dit le séducteur, mais un jour on travaillera ensemble.

Si j'en crois mon agent, ce jour-là est peut-être arrivé : je rentre dare-dare à Paris.

Là, impossible de joindre qui que ce soit. Je me présente donc d'office aux studios de Boulogne-Billancourt.

Je marche dans un couloir lorsque quelqu'un surgit dans mon dos : Delon !

— Qu'est-ce que tu fais là ?

— J'ai rendez-vous avec Pierre Granier-Deferre.

— Oui, je sais, répond-il, ménageant son effet. C'est moi qui t'ai fait venir. Viens avec moi.

Granier-Deferre me parle de son film *Le Toubib*, une adaptation du roman de Jean Freustié *Harmonie ou les horreurs de la guerre*. Le rôle qui m'est proposé au côté d'Alain Delon (également producteur) est celui d'une infirmière au sein d'une équipe chirurgicale pendant la guerre. Le beau médecin tombe amoureux d'elle et l'emmène alors qu'il apprend qu'elle est condamnée. Après une rapide discussion avec le réalisateur, je fais les essais et j'attends...

Trois jours passent, personne ne se manifeste. Je me décide à appeler Delon.

— Bonjour, c'est Véronique. J'appelais pour savoir...

— Tu as mis le temps ! Passe à mon bureau, on va en parler.

Je fonce au bureau.

Ses yeux moqueurs me fixent et me mettent mal à l'aise. C'est voulu, il fait durer le plaisir.

— Les essais sont formidables. Tu as le rôle.

Je reste muette.

— Attends ! Écoute-moi. Je te propose un contrat de trois films sur trois ans.

La proposition est tellement inattendue ! Alain Delon croit en moi... au point de dire que j'incarne la nouvelle Romy Schneider. Mon idole ! Je me pince. Non, je ne rêve pas. Je suis folle de joie. Ma seule angoisse est de savoir si le corps médical me laissera tourner. J'appelle mon chirurgien afin de faire le point. Je sais qu'il hésite mais il me fait confiance.

Finalement, selon lui c'est possible. C'est à moi de décider si je me sens capable de relever ce défi.

— Ce tournage est sûrement ce qui peut vous faire le plus de bien. Il faudra diminuer un peu les doses de chimio et forcer sur l'immunothérapie... Pour moi, vous avez le feu vert.

Inutile de me le répéter ! Pour la première fois depuis longtemps, j'ai un moral d'acier !

Le fait de n'avoir pas encore retrouvé la fraîcheur de mon teint n'était pas un handicap sur ce film. Je jouais en effet le rôle d'une infirmière en pleine guerre, une jeune femme blessée par la vie, fatiguée, plongée dans un quotidien dramatique, et condamnée à terme par la médecine pour un problème pulmonaire. L'ironie du sujet ne m'échappait pas. Je sortais de l'hôpital pour y retourner à l'écran, mais de l'autre côté de la barrière cette fois-ci.

Delon n'a pas su tout de suite ce que je vivais. L'ablation de mes ovaires était trop récente pour que les effets secondaires de la ménopause précoce provoquée par cette intervention ne se fassent plus sentir. Les bouffées de chaleur faisaient virer mon fond de teint. Il fallait me remaquiller deux fois par jour. Par la force des choses, j'avais dû mettre Éric le maquilleur et Pierrot le coiffeur dans la confidence. Je dois dire que leur tendresse et leur affection discrète au quotidien n'avaient pas de prix...

Alain s'est bientôt aperçu qu'il se passait quelque chose d'anormal. En fin de scène, il m'arrivait d'avoir le teint brouillé. Les explications du maquilleur s'étaient révélées un peu floues, mais mon partenaire avait semblé s'en contenter. Pourtant, deux jours après avoir questionné celui-ci, Alain est venu me poser directement la question.

— Il faut qu'on parle. Il y a un problème ! Par moments, dans les scènes, ton teint vire au gris... Qu'est-ce qui se passe ? Tu as des règles qui n'en finissent pas ? Tu as quoi ?

J'ai vu qu'il s'attendait à tout, sauf à la réponse que je lui ai faite ce jour-là. J'avais tellement l'air d'une gamine qu'une chose pareille était inimaginable. Il est resté un moment silencieux avant de tourner les talons en grommelant.

— Bon. Eh bien au moins, je sais !

Il ne s'est pas montré plus patient, plus tolérant avec moi pour autant. Tant mieux. Je ne voulais surtout pas de pitié, ça rend encore plus malade. J'avais la ligne mannequin et, néanmoins, les rondeurs de visage de mon jeune âge. Le casque que je portais dans le film n'était pas pour moi le top, esthétiquement parlant. Delon faisait une fixette sur mes joues et n'avait pas hésité à me dire que je ressemblais à une pomme. Je dois admettre que je compensais un peu avec la nourriture. Il l'avait bien sûr remarqué et m'avait ordonné de me mettre au régime.

Un jour, nous étions tous attablés pour déjeuner dans une grande salle voûtée qui nous servait de réfectoire. Devant moi, Alain avalait des assiettes de patates sautées. À un moment nous nous sommes regardés, son copain photographe et moi, et nous avons éclaté de rire.

— Pourquoi vous riez ? a demandé Alain.

— C'est un *joke*. Une blague entre nous, ai-je balbutié.

La tête sur le billot, je n'aurais rien dit, mais le metteur en scène s'y est mis et mon comparse a craqué :

— C'est parce que tu l'obliges à faire régime et que tu manges comme quatre devant elle...

Delon a claqué ses couverts sur son assiette et m'a incendiée devant tout le monde :

— Oui, je lui demande de faire un régime, c'est vrai ! Et moi je n'en fais pas. Mais t'as vu ma gueule à l'écran ? Elle, elle a l'air d'un ballon !

Ses paroles ont résonné dans la pièce. Le silence s'est fait. J'étais stupéfaite et mortifiée. Je me suis levée dans un bruit de chaise épouvantable et je suis partie en courant me cacher dans une grange où j'ai pleuré toutes les larmes de mon corps. C'est mon maquilleur Éric Muller, aujourd'hui disparu, qui est venu me chercher — un garçon d'une grande sensibilité, qui avait une qualité d'écoute rare. Il devait déjà être malade à l'époque, mais il s'occupait toujours des autres. Lui seul avait eu l'intuition de l'endroit où je m'étais réfugiée.

Il est venu s'asseoir près de moi et m'a consolée.

— C'est pas grave... Ce sont des mots... Tu t'en fiches. On est là, Pierrot[1] et moi. Il n'y a que des gens qui t'aiment sur ce plateau. Tu sais bien comment il est ! Ça passera... allez !

---

1. Pierre Vadé, le coiffeur qui m'a suivie jusqu'à sa retraite.

Alain et moi ne nous sommes plus parlé de la journée. Ni de celle du lendemain. Il estimait probablement avoir eu raison de me secouer comme ça « pour mon bien ». C'était idiot et il m'avait fait beaucoup de mal. Je n'avais pas besoin de ça. Comme je savais ne pas pouvoir compter sur lui pour une quelconque réconciliation, j'ai décidé d'être sage pour deux et de faire le premier pas : une petite primevère déposée le soir devant la porte de sa chambre. Un drapeau blanc.

Entre-temps j'avais eu mon médecin au téléphone pour essayer de diminuer un peu les doses de médicaments. Fatigue et contrariété ne font pas bon ménage avec la chimio.

Au matin, Alain m'a dit bonjour en me serrant dans ses bras et tout est reparti comme en 14. Il n'y a eu aucun commentaire de part et d'autre. La paix était faite. C'est tout ce qui comptait.

Dans le métier tout le monde sait qu'Alain Delon est un personnage à part. Tous les matins, sur le plateau, nous étions dans l'expectative. Et bien sûr il en rajoutait. Son grand jeu consistait à sortir de sa caravane d'un pas assuré, ses lunettes noires sur le nez, fixant le sol. Arrivé sur le plateau où tout le monde l'attendait, il enlevait ses lunettes et jetait un sonore :

— Messieurs, bonjour !

Dans ce cas, nous savions que la journée allait être agréable. Sinon il s'asseyait sans rien dire et il lançait au dernier moment un laconique :

— Moteur quand vous voulez.

Nous étions alors fixés : l'humeur était à l'orage, la journée serait exécrable ! C'était un jeu pour lui. Mais je n'avais pas encore assez de recul pour n'accorder aux choses que leur valeur relative. Et je doutais bien trop de moi.

Chaque jour, vers quatre heures, on lui apportait son thé et ses toasts. Il s'empressait de me faire signe pour les partager avec lui. J'adorais ça. C'était un rituel. Nous étions en fait très complices et je sais qu'il avait une vraie affection pour moi. Tout le monde a cru à une idylle entre nous et les médias se sont chargés d'alimenter la rumeur. Pour des raisons évidentes à la lecture de ce livre, il n'en a jamais été question. Alain se montrait extrêmement paternel avec moi. Un tantinet pygmalion. J'étais un peu sa chose. Sa découverte. Le jour du tournage de la fameuse scène où « Harmony » meurt, fauchée par une bombe au beau milieu d'un champ de coquelicots, c'est lui qui a tenu à s'occuper des préparatifs. Il surveillait tout avec une attention extrême et touchante. C'est lui-même qui, avec une petite pipette, versait du sang dans les cicatrices faites par le maquilleur, juste avant que je m'élance...

Une chose l'énervait prodigieusement : je n'avais pas mon script en permanence avec moi. Il estimait que c'était un manque de professionnalisme. Pour lui, la concentration passait par là. Or je discutais parfois jusqu'au dernier moment avec mes amis maquilleur et coiffeur, ou alors je demandais à Claude Renoir, le directeur photo, de m'expliquer le fonctionnement de son Minox. J'aimais beaucoup cet homme. Sa disponibilité et sa gentillesse n'avaient d'égales que son talent.

Maman, papa… Leur amour a été mon premier cadeau.

Souvenir de grandes balades dans la nature avec mon frère Servais.
Karim, notre berger allemand, était de toutes les parties.

Le premier amour de Sébastien

Mon premier rôle. Dans *Le Jeune Fabre*, je suis Isabelle Caderousse. Cécile Aubry m'a choisie pour être la partenaire de son fils, Mehdi. J'ai 15 ans.

FLASH-INFORMATIONS

au-delà d'un feuilleton: "Paul et Virginie"

Paul et Virginie. Île Maurice, exotisme et liberté...

De l'influence des rayons gamma sur le comportement des marguerites. Cet adorable lapin blanc est venu remplacer mon précédent partenaire, lequel me labourait le ventre !

Léopold le bien-aimé
(1978).

Qui j'ose aimer
(1977).

Au côté de
Claude Dauphin
dans *Le Météore*
de Dürrenmatt
(1978).

Le Toubib (1979).
Adoré ou détesté, toujours redouté, Alain Delon m'a donné ma chance
à un moment charnière de mon existence.

Sur le plateau, trois grands messieurs du cinéma : Claude Renoir, le directeur photo, Denys et Pierre Granier-Deferre, à la réalisation.

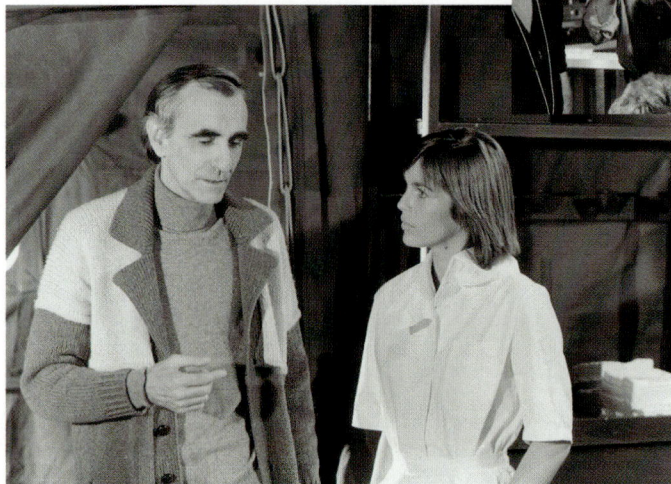

Avec Pierre Granier-Deferre.

Pause-café.

Plusieurs générations de téléspectateurs se sont retrouvées au bureau de « Joëlle Mazart, assistante sociale ». Ici avec Annick Alane.

Serge Leroy, le père de la série. Je pense souvent à lui et je lui dois beaucoup.

Intermèdes
en 45 tours.

Laurent Voulzy. Il m'a apporté sa
douceur et sa poésie.

Aviateur, coulisses du clip.

Pierre Bachelet. Il aimait
partager, créer, et avec qu'
talent ! Il reste à jamais
dans mon cœur.

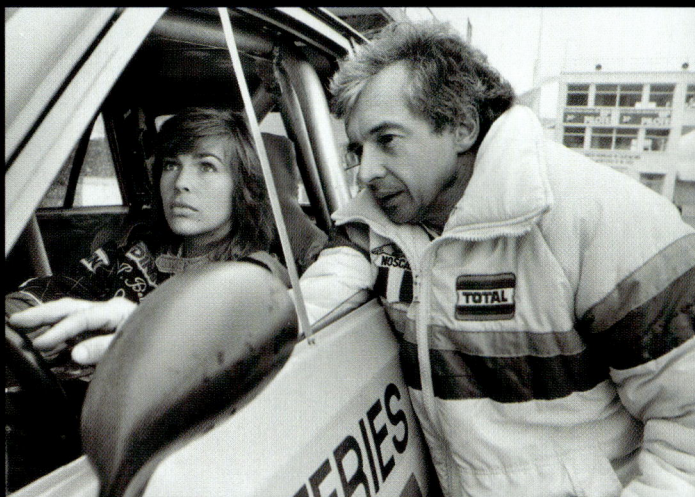

Le Rallye des Mille Pistes avec le coureur automobile
Jean-Pierre Beltoise. Un souvenir mémorable.

Tir groupé (1982) de Jean-Claude Missiaen,
avec Gérard Lanvin (en médaillon).
La fameuse scène de l'agression dans le train.
J'en ai gardé les traces longtemps !

Didier…

Le Crime d'Ovide Plouffe (1985) de Denys Arcand,
ici avec Gabriel Arcand, dans le rôle-titre.

Promotion « olé-olé »
pour *Un été d'enfer*
(1984) de Michaël
Schock, avec Thierry
Lhermitte.

1986. Présentation à
Cannes de *La Dernière
Image*, aux côtés de
Mohamed Lakhdar-
Hamina, le réalisateur,
et de son épouse.
La belle récompense
d'un tournage éprouvant.

C'est grâce à El Rey, ce magnifique andalou gris,
que j'ai renoué avec l'équitation.

Ce petit merle sauvé des eaux
me suivait partout.
Sur l'anse de mon panier comme s
la machine à café !

Typhon, mon chat siamois.
Il est toujours là, dans le « collector »
de mes plus tendres souvenirs…

Maya, petite chienne des rues.
Entre elle et moi, c'est une grande
belle histoire d'amour.

Manèges, ici avec Jean-Yves Berteloot, Bernard Fresson et Mario Luraschi : quand la relation avec le cheval fait des miracles sur des enfants autistes ou handicapés...

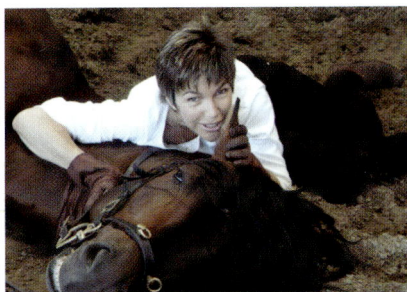

Mon ami Mario Luraschi, homme de tous les talents, de tous les défis. Il maîtrise mieux que personne le langage des chevaux. Ici avec Alboroto.

Dans *Pour mon fils*, je suis une mère qui découvre que son enfant est battu par son père. J'ai vécu ce rôle de tout mon être...

Avis de tempête sur les planches ! Une pièce de Dany Laurent, mise en scène Jean-Luc Moreau, avec Roland Giraud.

Je suis la marraine des « Chevaliers du ciel », une association qui, chaque année, offre leur baptême de l'air à une centaine d'enfants cabossés par la vie...

Le TCV (*Tibetan Children's Village*).
Chaque jour, arrivent dans ce village des
nfants qui ont fui le Tibet afin de pouvoir
être éduqués selon leur culture.

Jetsun Pema, la sœur du Dalaï-Lama, est responsable du TCV.
Elle est aussi l'une des plus belles rencontres de mon existence.

Lobsang Somo assiste Jetsun Pema au TCV.
« Les témoignages de nos aînés nous rendent plus forts.
Le travail que je peux accomplir à mon âge est de tout faire pour être une bonne personne,
mais c'est la génération suivante qui tiendra l'avenir du Tibet entre ses mains… »

Dominique Marchal est directrice de la clinique de Katmandou. Depuis qu'elle a rencontré le bouddhisme en 1985, sa vie au service des plus démunis n'est que la mise en pratique d'une philosophie qui la comble chaque jour davantage.

Ama Adhe fait partie de ces Tibétaines que les Chinois ont incarcérées et torturées pendant plus de 25 ans. Aujourd'hui, elle témoigne pour qu'on n'oublie pas.

Khandro Tsering Chödrön,
la plus éminente dakini du monde bouddhiste.

...uteur du *Livre tibétain de la vie et de la mort*, Sogyal Rinpoché est l'un des maîtres les plus occidentalisés de la grande tradition bouddhiste...

La maison de Sogyal Rinpoché est accrochée à la montagne et domine la vallée.
À perte de vue, des arbres, de la brume, les collines, le ciel...

Nonnes et petits moine[s]
entre sourires et éclats
de rire complices.

Bodh-Gaya est un des plus grands lieux de pèlerinage
bouddhique. C'est ici même que Bouddha a vécu l'illumination.

Mais, pour Alain, ces « bavardages » étaient horripilants.

Un après-midi, nous tournons la scène où je découvre les cadavres encastrés dans la paroi d'une grotte sous la force d'une explosion. Vision insoutenable qui doit m'arracher des cris d'horreur.

Le mot « moteur » à peine prononcé, j'entends : « Action ! »

Habitée du réflexe de Pavlov, je ne réfléchis même pas et je m'élance pour me jeter contre le mur en hurlant.

— Coupez !

Quand je me retourne, l'air encore hébété par la violence de la scène, mon regard croise celui d'Alain. Il a voulu me « piéger » afin de me prouver que je n'étais pas « sur le coup ». C'est raté. Échec et mat. Avant de s'éloigner il me lance :

— Si je savais hurler comme ça ! Tu m'énerves...

Pierre Granier-Deferre avait pris le parti de ne pas trop intervenir entre nous deux. Il s'amusait de nos escarmouches. Moi pas toujours.

Quoi qu'il en soit, ce film fut un bonheur. J'ai terminé le tournage au bout de deux mois dans un mélange de soulagement, de tristesse et de joie. Ce dernier jour avait pour moi le goût de la victoire. La victoire sur moi-même : pari tenu, pari gagné. J'éprouvais en outre un sentiment de reconnaissance éternelle pour Alain Delon, qui m'avait donné la chance de faire ce film à son côté dans une période charnière de mon existence. Au pire moment, il avait redonné l'impulsion à la roue de ma vie.

Le jour de la première, j'ai découvert la foule. Les gens se poussaient, nous bousculaient. Ils voulaient me toucher. Je sentais leurs mains agripper mes vêtements et mes cheveux. Une peur panique s'est emparée de moi. Je voulais fuir. Je cherchais désespérément la main de Mireille Darc pour me guider vers la porte que je ne parvenais pas à atteindre. Je ne comprenais pas cette folie. C'était donc ça, le phénomène de foule ! J'en ai, depuis ce jour, gardé une véritable angoisse.

*
**

Plus le temps passait, moins je tolérais le poison que la chimiothérapie instillait dans mon organisme. Quand, au bout des dix mois de traitement prescrits, on a voulu me faire repartir pour « cinq petits mois », j'ai refusé.

— Écoutez, c'est simple, si j'en fais cinq de plus je me jette par la fenêtre !

J'avais de plus en plus d'idées suicidaires, mon caractère était changeant et brutal. Tout mon corps se révoltait face à l'agression. Il n'acceptait plus le traitement. La simple vision d'une seringue déclenchait chez moi une crise de tétanie nerveuse.

J'ai choisi d'arrêter. Je m'en suis remise aux médecines douces. Je ne dis pas qu'elles seraient venues seules à bout de mon mal mais, à ce stade des soins, je m'en suis très bien portée.

La rupture inévitable avec mon compagnon a été consommée. Notre relation s'est transformée en profonde amitié et il est resté depuis mon complice. J'ai eu du mal à quitter Estelle avec qui j'avais tissé de si jolis liens. Mais la vie devait suivre son cours. Je ne savais pas où elle m'emmenait. Le sait-on d'ailleurs jamais ?

La danse modern jazz était devenue mon nouveau challenge. Passionnant ! Une nouvelle forme d'expression, de communication. Une autre façon de sentir mon corps. Je me suis réconciliée avec lui pour mieux le comprendre et l'aider. Pour ne faire qu'un. Au début de la maladie, j'avais pensé qu'il me trahissait ; il m'arrachait le but de ma vie. Doucement, je réapprenais à l'aimer. En fait, il ne m'avait pas trahie, il m'avait emmenée ailleurs. Avec le temps, j'ai retrouvé d'autres codes et une harmonie différente avec lui. À présent nous faisons équipe. Je prends soin de lui, il m'accompagne et me permet d'accéder à mes rêves. Parfois si simples...

*
**

1981. L'année du changement. Mitterrand accède au pouvoir et mes parents divorcent. Quel que soit notre âge et notre vie, la séparation des parents, même si de façon flagrante elle paraît inéluctable, est toujours difficile à accepter. Nos repères disparaissent. Rien ne peut plus être comme avant. Cette étape fait forcément grandir puisqu'on renonce à bercer ouvertement l'enfant qui est en soi. Dans mon cas, c'était le filet de sécurité qui s'effilochait encore un peu plus...

La vie est un damier. Blanc et noir. « La joie et la

tristesse sont comme deux sœurs. Ensemble elles vont. Et quand l'une dîne à ta table, n'oublie pas que l'autre t'attend sur ton lit.[1] »

Cette année va aussi marquer un tournant dans ma carrière. J'ai l'impression de ne plus avoir de point d'ancrage, et pourtant mon métier va m'en offrir un, précieux, dans le cœur du public.

*
**

Mon contrat avec Alain Delon ne me permettait d'accepter aucune offre sans son accord préalable. Or, si Alain est adoré des uns et détesté des autres, il est redouté de tous. Serge Leroy, lui, n'avait peur de rien ni de personne. Il venait justement de tourner avec Delon *Attention les enfants regardent*. Leurs rapports étaient excellents. Leroy a contacté Alain. Il voulait que je fasse des essais pour la série qu'il préparait. Il pensait que j'étais le personnage. Delon a aussitôt dit oui.

Les essais ont confirmé Leroy dans son intuition. J'ai été choisie pour le rôle de Joëlle Mazart dans *Pause-café*. Serge savait toucher le cœur des gens, les amener à se sentir concernés par la vie et les difficultés d'autrui. Dès le départ, il avait vu en moi l'héroïne de sa série, une Joëlle Mazart juvénile dont l'apparente fragilité donnerait une dimension humaine supplémentaire au personnage de l'assistante sociale. Je faisais en effet très jeune, moins que mes vingt-quatre ans, et lorsque je

---

1. Khalil Gibran, *Le Prophète*, éditions Albin Michel, 1996.

me présentais devant l'inoubliable Jacques François, le proviseur du lycée où j'étais nommée, en disant simplement « Joëlle Mazart, la nouvelle assistante sociale », tout était dit de nos futurs affrontements et de son autorité désarmée.

Nous tournions très vite. Chose rarissime dans ce métier, nous terminions toujours les journées avant l'heure. Serge Leroy allait à l'essentiel. Il était précis, passionné, intuitif en diable derrière ses airs bougons et ses prétendus gros sabots. J'avais un profond respect pour cet homme, et la complicité qui nous unissait n'a fait que grandir jusqu'à ce que la maladie l'emporte. Pendant le tournage du troisième volet de la série, *Pause-café, Pause tendresse*, il luttait de toutes ses forces contre le crabe qui avait pris sa gorge. Nous nous parlions souvent rien qu'en nous regardant. Je savais ce qu'il me disait. La souffrance met dans les yeux quelque chose de particulier. Elle donne à ceux qui la connaissent un autre langage, au-delà des mots, en fait une famille. Les membres de cette famille se retrouvent instinctivement, c'est très étrange.

Si l'auteur de *Pause-café* est officiellement Georges Coulonges, son père incontesté est Serge Leroy. J'ai rencontré tant de comédiens sur cette série... De parfaits inconnus faisaient ici leurs premières armes, Marc Lavoine en adolescent rebelle, Benoît Magimel, Luc Thuillier, Clovis Cornillac, Gilles Tansou, Marilyne Canto, et d'autres qui sont devenus des vedettes. J'avais retrouvé Sophie Renoir, la fille de Claude Renoir, le directeur photo sur *Le Toubib*. Moment d'émotion. Ce monde est si petit... Bernard Le Coq tenait le rôle de mon mari. Son talent, son intelligence et son humour me remplissaient de joie. J'aimais jouer avec lui. Tout passait dans ses yeux. C'était un partenaire magnifique. Et il est mon ami.

Serge savait découvrir les talents et marier les personnalités. Je l'adorais. Sa photo est toujours au-dessus de mon bureau. Je pense souvent à lui et je lui dois beaucoup. Il m'a fait faire un pas décisif dans ma carrière. Le feuilleton a eu le succès que l'on connaît. Il est même devenu un phénomène social à part entière. Cette série culte a marqué les gens sur plusieurs générations d'une façon incroyable. Elle apportait l'espoir, l'écoute, levait le voile sur des univers sociaux multiples, de façon honnête et objective, sans oublier toutefois la touche d'humour. Les adeptes de *Pause-café* étaient de tous âges. Les jeunes, surtout, y voyaient enfin leurs problèmes reconnus, et m'identifiaient totalement à mon personnage. J'étais la grande sœur idéale, l'amie rêvée... Les milliers de lettres que j'ai reçues m'en ont donné la preuve. Mais elles m'ont aussi montré des détresses et des solitudes insoupçonnées, parfois si proches de nous...

Sur nombre d'épisodes, nous avons obtenu cinquante pour cent de part d'audience, voire plus, ce qui était exceptionnel et montre à quel point Serge avait vu juste. Il est vrai qu'à cette époque il n'y avait pas autant de chaînes qu'aujourd'hui. En tout cas, grâce à la popularité que ce feuilleton m'a apportée, pendant des années, chaque fois que je faisais quelque chose, la chaîne était assurée de faire quarante pour cent d'écoute, si bien que pour la direction des programmes j'étais devenue « Miss 40 % » ! L'étiquette *Pause-café* a été parfois lourde à porter mais quand je me rends compte de la joie et de l'espoir que ce feuilleton a mis dans le cœur des gens, je me dis que c'est merveilleux de l'avoir fait. En revanche il était important d'arrêter cette série, si je ne voulais pas être définitivement cataloguée et enfermée dans le rôle de Joëlle Mazart.

Pause-café a aussi été l'occasion de faire mon premier disque, puisque j'en ai chanté le générique. Je n'avais même pas songé à cette éventualité mais, quand on me l'a proposée, je n'ai pas refusé cette nouvelle expérience. Le disque ayant remporté son petit succès, Claude Pascal, l'éditeur, m'a demandé d'en faire un autre. À quoi je lui ai répondu, un peu paniquée, que je n'avais pas de voix et n'étais pas chanteuse.

— Tu n'as peut-être pas de voix mais tu as un grain.

C'était la première fois que j'entendais ce mot. Il m'a amusé dans son double sens.

J'avais rencontré Pierre Bachelet peu de temps auparavant dans une émission de télé. Un coup de foudre. Ce fut donc à lui que je demandai de m'écrire une chanson. Ce qu'il accepta aussitôt.

Entre-temps, j'étais partie passer quelques jours dans le Sud avec des amis. La chaleur de l'été et la proximité de la mer m'avaient inspiré un poème que je comptais mettre en face B. Mais, en arrivant au studio, une magie s'est opérée entre les mots et la musique. Pierre et ses musiciens se sont regardés. L'évidence était là. C'était ce titre-là qui devait figurer en face A. La décision fut prise sur-le-champ : il fallait tout de suite arrêter la fabrication de la pochette, on changeait tout.

Personne ne l'a regretté. *J'ai fait l'amour avec la mer* a été un des tubes de l'été.

Pierre faisait partie de ces êtres curieux de tout, qui vont toujours au bout de leurs rêves. Il aimait vivre, aimer, créer, partager. C'était un artiste aux multiples talents, et je l'aimais pour de multiples raisons. Il était vrai. Il recherchait les choses simples, authentiques. Sa présence était enveloppante et chaleureuse, comme sa voix. Son regard clair et profond conservait la touche de malice de celui à qui on ne la fait pas. Comme il le dit si bien dans son dernier DVD, il n'était pas beau mais il était craquant. Lui aussi est parti près des étoiles. Il reste à jamais dans mon cœur.

*
**

Un jour, un journaliste qui désire faire un article sur moi « cherche un angle », comme on dit. Il me propose de faire des photos avec Jean-Pierre Beltoise, le célèbre coureur automobile. L'idée m'amuse. Je ne connais pas du tout le monde de l'automobile. J'arrive au circuit de Montlhéry où nous commençons par déjeuner tous ensemble, pour faire connaissance. Simple, décontracté et l'œil rieur, Jean-Pierre me met tout de suite à l'aise. Sa femme Jacqueline est présente. À part l'automobile, ils sont tous les deux des passionnés de tennis, comme moi.

Nous sommes ici pour faire ces photos, alors on les fait. Mais quelle n'est pas ma déception quand je comprends que ça s'arrête là et qu'il n'est pas prévu que je monte dans la voiture ! Elle n'est malheureusement pas équipée pour emmener un passager. Qu'à cela ne tienne, je m'accrocherai à l'arceau de sécurité ! Beltoise, écroulé de rire, comprend que je ne renoncerai pas à l'expérience d'un tour avec lui dans l'anneau du circuit de Montlhéry.

La sensation est extraordinaire. Je sors de la voiture les bras en compote mais des étoiles plein les yeux. J'ai pendant quelques minutes oublié tout le reste. Jacqueline s'en amuse...

Peu de temps après, Jean-Pierre m'emmène faire le rallye des Mille Pistes. Souvenir inoubliable. Nous avons fait trente kilomètres dans une poussière de folie. Je ne sais plus quel problème avait rendu la voiture « perméable » à ce point, toujours est-il que nous avons été forcés d'arrêter la course. Nous sommes ressortis de là plâtrés de gris comme dans un film à la Buster Keaton. Ce fut court mais bon !

La vie m'entraîne, elle va de plus en plus vite, de plus en plus fort, et je profite de tous ces instants. Jacqueline et moi devenons les meilleures amies du monde grâce à notre passion partagée pour le tennis, qui va nous conduire sur les courts pendant des années. Cette passion me fera côtoyer les plus grands joueurs du moment. Incontestablement Yannick Noah est l'un de ceux qui m'ont le plus marquée par sa gentillesse et sa simplicité. Il est le même aujourd'hui qu'hier. Avec cette personnalité riche et généreuse qui le caractérise. C'est toujours avec bonheur que je me hisse jusqu'à sa joue pour l'embrasser lorsque nos chemins se croisent.

*
**

Retour au cinéma avec *Tir groupé*, un film policier de Jean-Claude Missiaen, avec Gérard Lanvin, Michel Constantin, Roland Blanche et Jean-Roger Milo. La fameuse scène du train, où je me fais agresser, était d'une telle violence que ma mère n'a jamais pu la regarder. Quant à moi, j'en ai gardé les traces longtemps. Le metteur en scène avait absolument tenu à conserver le revolver à l'image, malgré mes réticences et ma mise en garde. Jean-Roger Milo avait une particularité : à « moteur ! » il savait encore que c'était du cinéma, mais à « action ! » il l'avait déjà oublié...

C'est ainsi que je me retrouve la bouche en sang à la première prise après avoir pris l'arme dans les gencives. La poussière d'émail que je sens craquer sous mes dents me laisse augurer du pire. Je suis dans une colère hystérique mais paradoxalement contenue ; seulement, quand le réalisateur s'approche pour me calmer, c'est avec une force décuplée que je le rassois violemment sur sa banquette en lui ôtant toute autorité sur la suite des événements. Nous retournons la scène dans la foulée, tirant parti de cette tension. La vérité et la violence de cette scène tiennent je crois à ce détail de coulisses. Jean-Roger était tellement en colère contre lui-même qu'il a frappé de toutes ses forces une vitre du train de sa main déjà bandée suite à une probable rixe nocturne.

J'aimais bien Jean-Roger. Il était imprévisible mais attachant. Je ne lui en ai pas voulu une seconde de ce qui était arrivé. Mais au metteur en scène, si ! Heureusement j'avais l'adresse d'un magicien du sourire, un de mes meilleurs amis de surcroît, qui me l'a rendu intact en deux temps trois mouvements...

Gérard Lanvin, lui, est plein d'humour, il me fait rire. Il est tendre, bourré de charme, gentil, honnête et droit. Il me rassure. Le tournage nous rapproche. Moments d'harmonie et de bonne humeur : la presse fait de nous le nouveau couple du cinéma.

– V –

UN AMOUR HORS NORMES

On ne prévoit jamais les moments qui font basculer notre vie. Si je regarde en arrière, les choses les plus importantes de mon existence se sont jouées sur le fil du rasoir. Ma rencontre avec Didier Pironi a tenu à quelques secondes... Je sortais de mon appartement lorsque le téléphone a sonné. J'étais très pressée ce jour-là. Au lieu de fermer la porte et de laisser le répondeur faire son office, j'ai voulu écouter le message : « C'est Didier Pironi, disait la voix, je voudrais vous demander si vous accepteriez d'être la marraine d'une journée que nous organisons avec les enfants pour Haribo. » J'ai décroché et nous avons décidé de déjeuner ensemble pour en parler, avant mon départ pour Annecy. Lui-même partait pour Genève le surlendemain. Trois jours après mon arrivée en Haute-Savoie, il m'appelait.

— Je descends à Modène pour des essais. Je viens te dire bonjour !

Nous avons passé l'après-midi ensemble. Il m'a emmenée faire un tour dans sa Ferrari sur les petites routes de montagne. C'était extraordinaire ! Envoûtée par le chant du V12, je reconnaissais à peine le paysage. Didier me fit entrevoir ce jour-là son univers, où il régnait en maître.

Il est reparti pour Modène le soir même. Le lendemain il m'appelait du circuit pour me faire entendre le moteur de sa Formule 1.

En revenant d'Italie, Didier s'est arrêté à nouveau pour me voir. Nous sommes allés nous balader avec ma vieille Jeep Willis. Il s'amusait en me voyant commencer à freiner trente mètres avant les stops, debout sur la pédale tellement les freins d'époque étaient durs. Puis il a pris le volant : ce n'était plus la même chose. Didier était un athlète, il avait une telle force qu'il conduisait cet engin comme une vulgaire 2CV. Nous avons beaucoup parlé et beaucoup ri. Durant le dîner, je ne sais plus sur quel propos, nos regards se sont accrochés et ne se sont plus lâchés. Sans encore lui donner un nom, j'ai su qu'il venait de se produire quelque chose d'incontournable. C'était le début de l'été 1982.

Ce soir-là, la nuit était tiède et silencieuse. Nous sommes partis faire un tour de barque au clair de lune et très longtemps, presque jusqu'à l'aube, nous avons regardé les étoiles. Nous parlions peu. Les heures n'existaient plus, le temps était suspendu.

Après la mort de Didier, pendant des années, j'ai été incapable de regarder les étoiles sans penser à ces moments.

*
* *

Un journal automobile a proposé à Didier de faire une interview croisée avec une personnalité de son choix. L'occasion est rêvée, il a immédiatement demandé que ce soit avec moi. Nous nous amusons de cet instant comme deux gamins qui font une bonne blague.

Le lendemain, il court au Castellet. Je suis à la sortie du stand. Didier apparaît, soulève sa visière avec ce sourire moqueur qui le caractérisait et me dit droit dans les yeux :

— Ma femme est au courant. Je lui ai tout dit.

J'étais abasourdie. Tout allait trop vite. Le soir même, nous sommes partis ensemble pour Saint-Tropez chez notre amie commune Jacqueline Beltoise. Deux jours plus tard, Didier m'a proposé de venir avec lui à Hockenheim, où il devait se rendre pour le Grand Prix d'Allemagne. Je ne désirais pas l'accompagner, je craignais de nous faire piéger par la presse. J'ai dit non. Dans un premier temps...

Dans la soirée, mon amie Jacqueline est venue me parler. Femme de pilote elle-même, elle connaissait bien leur psychologie.

— Tu sais, je vois combien Didier accuse mal le fait que tu ne l'accompagnes pas. Il est en passe de devenir champion du monde, il doit être bien dans sa tête, c'est important que tu sois près de lui. Réfléchis...

— Je sais. Mais ma vie n'est pas encore très claire...

Il n'y avait que trois semaines que nous nous connaissions et nous devions mettre en ordre nos parcours respectifs, mais j'avais la certitude d'avoir rencontré un amour hors normes. Finalement, Jacqueline m'a convaincue et je suis partie avec Didier pour Hockenheim...

Les essais ont lieu dans l'après-midi. La piste est mouillée, Didier adore ça et semble faire ce qu'il veut de sa voiture. À chaque passage devant les tribunes, il me fait un signe. Je suis sous le charme de mon héros casqué. Je déborde d'un bonheur si intense que j'en ai presque mal. Les essais terminés, nous rentrons à l'hôtel.

Nous sommes heureux. D'être là et d'être nous.

Le 7 août au matin, il fait un temps épouvantable. La pluie tombe depuis l'aube sans discontinuer, ce qui n'inquiète pas Didier, bien au contraire. Sur la route qui mène au circuit, il s'amuse déjà à faire de l'aquaplaning. Je n'ai pas peur, j'ai la sensation qu'avec lui rien ne peut arriver.

Les voitures se sont élancées dans un bruit d'enfer. Plusieurs tours ont déjà été courus quand je perçois une agitation soudaine sur le stand. Je demande ce qui se passe, on me répond que Didier vient d'avoir un accident ! Je n'ai pas eu le temps d'avoir peur. Je n'avais pas conscience du danger de ces courses. Je découvrais ce monde depuis trop peu de temps.

J'apprendrai plus tard que, aveuglé par les projections d'eau provoquées par la Williams de Daly, Didier n'avait pas vu la voiture de Prost qui rentrait au stand. À peine l'a-t-il touchée que l'effet de sol[1] a transformé la Ferrari de Didier en fusée. Lui qui se battait avec acharnement depuis des années pour obtenir la suppression de ces « jupes », qu'il estimait trop dangereuses, venait d'en être la victime (il lui a fallu payer de sa carrière pour obtenir gain de cause).

J'ai couru. Je ne savais pas si c'était grave, mais plus j'avançais, plus mon cœur battait... Quand je suis parvenue à hauteur de la voiture, dont la partie avant n'était plus qu'un amas de tôles, un mécanicien m'a attrapée à bras-le-corps pour m'empêcher d'aller plus loin. Pour m'empêcher de voir. J'ai juste aperçu une silhouette dans le cockpit, un casque qui bougeait. Didier avait les deux jambes prisonnières. La droite était à moitié déchiquetée. La chance a voulu qu'il n'ait pas perdu connaissance sous le choc et qu'il ait pu comprendre ce qui se disait : il fallait découper la ferraille pour le libérer. Lorsqu'il a entendu qu'on allait du même coup lui couper le pied, il a eu la force de dire non.

Il est arrivé à l'hôpital bardé de tuyaux de transfusion mais toujours conscient et m'a réclamée afin que je l'accompagne jusqu'à l'entrée du bloc opératoire. Dans l'ascenseur il m'a regardée, m'a pris la main et m'a dit : « Je t'aime... Pardon... » Jamais je n'oublierai ses yeux à ce moment-là.

---

1. Pour plaquer les voitures au sol, des « jupes » jouaient le rôle d'aspirateur, permettant de passer plus vite les virages sans déraper. Mais si la voiture rencontrait un obstacle (en l'occurrence le bolide de Prost), elle s'envolait.

J'ai vu le chariot franchir la porte du bloc. Parviendrait-on à sauver son pied ? De toute manière, il fallait attendre neuf jours pour savoir si ce pied restait vivant ou si la gangrène y était installée.

Entre-temps les parents de Didier étaient arrivés, avec sa femme, et l'on m'a aussitôt fait barrage. J'étais cantonnée dans ma chambre d'hôtel où je restais prostrée sur mon lit, complètement perdue, pleurant toutes les larmes de mon corps en serrant contre ma poitrine le pass Ferrari de Didier avec sa photo. Je ne pouvais pas le voir et je ne savais même pas dans quel état il se trouvait. Je vivais l'horreur.

Pour la famille Pironi, j'étais une étrangère. En dehors de son frère José, je ne connaissais personne. Heureusement, le deuxième jour, celui-ci est passé me prendre.

Didier m'attendait.

— Pourquoi n'es-tu pas venue plus tôt ? m'a-t-il aussitôt demandé.

— Parce qu'on m'en a empêchée, lui ai-je répondu. Toi seul peux exiger que je sois près de toi. Si tu veux que je reste, je ne te quitte plus.

Un lit supplémentaire fut donc installé dans la chambre. Je ne laissais Didier que le soir, pour aller prier dans la chapelle de l'hôpital. J'ai toujours cru en la force de la prière, quelle qu'elle soit.

Comme on peut s'en douter, dès le premier jour j'ai fait l'expérience de la presse à scandale. J'attendais de pouvoir rejoindre Didier, assise sur le parapet au pied de la clinique, quand j'ai reconnu le bruit d'un appareil photo. J'ai repéré un type que je me suis mise à fixer intensément. Il a fini par s'approcher de moi.

– Écoutez, je suis désolé... Je suis envoyé par *Paris Match*, et on me demande une photo de vous devant la clinique...

– Vous croyez que c'est le moment ?

– Je vais vous parler franchement, m'a-t-il répondu, l'air gêné. Il faut que vous sachiez qu'on a déjà des photos. Vous avez été suivis par un paparazzi. Il a pris des clichés de vous et de Didier Pironi...

J'ai aussitôt rétorqué, à bout de nerfs :

– Vous avez un scoop et vous allez de toute façon le publier. Alors que je fasse cette photo ou non ne changera rien. Foutez-moi la paix.

La semaine suivante, les photos de l'accident et de nous deux s'étalaient sur six pages dans *Paris Match*. Curieusement, le premier mouvement de colère passé, nous ne leur avons pas fait de procès. Ces photos témoignaient des jours heureux, bien trop courts, que nous avions connus. Dans l'enfer où nous nous trouvions désormais plongés, chacun de ces clichés était le rappel d'un moment de bonheur.

Confrontée du jour au lendemain à cette situation dramatique, avec l'implication qui était nécessairement la mienne dans la guérison de Didier, je me sentais heureuse pour la première fois d'avoir traversé mon épreuve personnelle. J'étais familiarisée avec le milieu hospitalier et je n'avais pas peur du sang. Je connaissais les paliers de la souffrance. Mon expérience allait me permettre d'aider l'homme que j'aimais.

Le médecin et les infirmières n'intervenaient que pour les actes médicaux. J'avais pris en charge tous les soins personnels.

Une fois l'urgence dépassée, Didier a pu être transféré à Paris, en avion sanitaire, pour être admis à la clinique de Choisy où il allait devoir subir de multiples opérations. Le Pr Letournel a fait des miracles. C'était un homme exceptionnel et un chirurgien hors pair. Bien que ce ne fût pas dans les habitudes de son service, il m'a autorisée à rester auprès de Didier. Il est vrai que j'étais certainement devenue sa meilleure infirmière. Celle dont chaque geste était un acte d'amour.

La première intervention a duré treize heures. Didier avait tellement froid qu'il était bleu en rentrant du bloc. Il tremblait de tout son corps. J'ai posé ma tête près de la sienne et je lui ai raconté la plage de sable chaud sur laquelle il marcherait bientôt...

Tout ce qui m'importait c'était lui. Trouver les gestes et les mots justes pour l'accompagner et le soutenir.

L'impuissance à soulager les gens qu'on aime est un sentiment terrible. À cette époque-là seulement j'ai compris ce qu'avaient pu ressentir mes parents quelques années plus tôt. Je l'ai d'ailleurs écrit.

Souffrance

Souffrance... qui se cache derrière un sourire... une ride qui naît là, sur le bord des yeux... Pour les uns l'expression, pour d'autres le souvenir.

Ennemie de tes nuits, compagne d'insomnie qui vient hanter tes jours sans te laisser de trêve... Souffrance que l'on hait pour ne laisser à ceux qui aiment qu'un fardeau d'impuissance. Souffrance d'un regard, quand il s'immobilise dans celui de l'ami, pour chercher tout au fond la force de la nier et de ne pas pleurer. Et puis un mot d'humour que gagne la pudeur, et cette fuite enfin, dans des bras de solitude, quand ton visage se tourne vers la lueur du jour qui toise ton espoir... Bientôt viendra la nuit et tu devras attendre, patient, lové comme un enfant au creux de ta souffrance. Attendre... attendre que les jours passent. Et puis viendra celui que tu regarderas en face, parce que c'est toi qui décideras de lui...

Plus tard on en rira, de tous ces moments-là, ou on en sourira... Quelques-uns même on oubliera. Mais ton visage aura gardé là, sur le bord des yeux, une petite ride face au miroir, qui à jamais dira : souviens-toi...

À la suite de cette si longue anesthésie, le cycle biologique de Didier était complètement perturbé. Il lui fallait désormais des doses de cheval pour dormir quelques heures, suivies d'un réveil d'autant plus pénible. Pour briser ce cercle infernal, un soir, je suis allée chercher un ami acupuncteur que j'ai fait entrer discrètement par les urgences. Sous les aiguilles, en dix minutes, Didier s'est endormi comme un bébé sans prendre la moindre drogue. Et au bout d'une semaine de ces visites nocturnes, il avait retrouvé un sommeil normal.

Je l'apaisais aussi par des massages dont je découvrais les bienfaits en même temps que lui. Didier représentait tout pour moi. Il était ma passion, mon amour, mon enfant. Pour le soulager, je mettais en pratique tous les petits trucs que j'avais moi-même expérimentés à l'hôpital. Bien que cette situation fût douloureuse, nous avions toujours nos fous rires et cette complicité unique.

Malheureusement l'articulation de sa cheville a lâché pendant la rééducation. La greffe n'avait pas tenu. Cette fois c'était irrémédiable, le pied resterait bloqué.

À cet instant, il a su que sa carrière venait de s'achever. Il a encaissé le choc sans un mot.

C'en était terminé pour la F1, mais le combat continuait. Quand j'étais moi-même sortie de l'hôpital, quelques années auparavant, j'avais eu le sentiment désagréable de passer d'une planète à une autre.

J'ai eu envie d'épargner cela à Didier. Alors qu'il était encore hospitalisé, un jour je l'ai aidé à s'asseoir sur son fauteuil roulant mais, au lieu de nous cantonner au couloir, nous sommes sortis dans la rue par les urgences. Je le poussais en riant avec lui. Il jubilait. Réintégrer le monde des vivants lui faisait du bien. Ce que nous faisions était certes un peu fou, à la limite même dangereux, mais en même temps, cela lui procurait un tel bonheur que le jeu en valait la chandelle.

Son pénible séjour à l'hôpital touchait à sa fin lorsque j'ai dû partir tourner le film de Samuel Fuller *Les Voleurs de la nuit*, et le laisser quelques jours seul. En fait j'avais hésité à signer ce contrat, mais Didier avait catégoriquement refusé que je lâche ma carrière pour jouer les gardes-malades.

— Tu vas me rejoindre ?

Didier s'était contenté de me regarder avec ses yeux rieurs...

La semaine suivante il quittait l'hôpital pour me retrouver sur le tournage, à Chamonix. Il était parti avec son mobil-home, conduit par son assistant. Didier avait encore ses plâtres et marchait avec des béquilles. Je me souviens de lui avoir entouré les pieds avec des sacs-poubelles pour le balader sur une luge. On rigolait comme des mômes. Dans les batailles de boules de neige, je n'avais pas le dessus. Il avait le coup d'œil et visait juste.

— C'est con, je ne pourrai plus jouer au tennis, lança-t-il un soir, avec une fausse désinvolture dont je n'étais pas dupe.

— Regarde-moi bien ! lui ai-je répondu en le fixant droit dans les yeux. Tu rejoueras au tennis ! Je te jure que tu rejoueras... Je ne sais pas où nous en serons alors, mais quand tu disputeras ta première partie, promets-moi de m'appeler pour me le dire.

Il est retourné sur un court un an plus tard... et il m'a appelée. Entre-temps, la saison de F1 s'était achevée. Le titre final était allé à Keke Rosberg. Le Finlandais devançait Didier Pironi, vice-champion du monde, d'un point seulement. Les cinq derniers grands prix que Pironi n'avait pu courir lui avaient coûté sa couronne. À un point près ! Surmontant sa déception, Didier m'a fait remarquer avec un humour un peu grinçant qu'il valait sans doute mieux finir deuxième au championnat du monde qu'être sacré à titre posthume. Le pire, c'est qu'il ne le pensait pas. Didier n'était pas un second.

Nouvelle opération, nouvelle convalescence.

Pour qu'il puisse sortir de l'hôpital et retrouver « une vie normale » plus rapidement, j'avais appris à faire les pansements de façon stérile. C'était la seule solution. Il pouvait ainsi, en restant chez lui, reprendre ses contacts et ses activités, toutes proportions gardées.

Chaque minute de ma vie était consacrée à Didier. Jamais il ne quittait mon cœur ni mon esprit. Quoi que je fasse, il était en moi. C'était une charge émotionnelle permanente. Elle finissait par être épuisante, et mes nerfs commençaient à lâcher après tous ces mois de tension et de fatigue accumulés.

Je me mettais aussi à avoir des doutes. Je sentais mon convalescent s'éloigner un peu de notre histoire. Nous avions quelques accrochages, ce qui ne s'était encore jamais produit. Se sentant diminué, Didier s'est mis à avoir des accès de jalousie concernant ma vie passée. Je lui en voulais de ne pas comprendre à quel point rien d'autre que lui n'existait et ne pouvait exister. En réalité, il était malheureux. Didier était un gagnant, quelqu'un de brillant, de puissant, et plus ça allait, plus il vivait mal son échec et son handicap. Je suis certainement la seule personne qui l'ait vu pleurer. C'était sans doute une faiblesse aux yeux de l'homme qu'il était. Peut-être avons-nous payé de nous deux le prix de ces larmes. Pressé aussi par des intérêts familiaux, Didier semblait oublier petit à petit la connivence d'âme qui nous liait.

Quand j'ai senti que nous étions en train de nous perdre, j'ai préféré anticiper et provoquer une discussion. Ce que nous avions vécu était trop unique pour que j'accepte de le voir entaché de médiocrité.

— Peut-être vaut-il mieux qu'on se sépare maintenant...

— Peut-être, a-t-il fini par me répondre au bout d'un long moment.

Cette séparation fut une douleur infinie, une véritable déchirure. Je devais quitter Didier avant que notre relation ne s'abîme, mais le choc émotionnel, ajouté à la fatigue de tous ces mois de veille, fut une épreuve de trop...

*
**

Je pars bientôt pour le Canada avec Gilles Carle et Denys Arcand. Nous allons tourner *Le Crime d'Ovide Plouffe*, la saga de la famille Plouffe. Ma mère m'accompagne. Chaque fois que je peux l'emmener à l'étranger à l'occasion d'un tournage, je ne m'en prive pas.

Mais ce tournage-là est épuisant, avec des horaires interminables. La moitié de l'équipe est sous cocaïne pour tenir le coup. Tout cela finit par une grève. Enfin une semaine de repos ! J'en ai plus que besoin, je ne tiens plus debout. Maman refuse de repartir en me voyant si mal. Je ne reprends pas le dessus. Il reste encore un mois avant la fin... Heureusement nous quittons Montréal pour nous installer à Charlevoy, dans une région magnifique. La nature y est saisissante de beauté et de force. Je m'y ressource. Les personnalités de Denys et Gabriel Arcand, si originales et pleines d'humour, la bonne humeur qui règne sur le plateau sont autant de petits cataplasmes de douceur cicatrisante. Je ne cesse de me dire qu'il fait bon vivre ici, tant ce pays est beau, tant ses habitants sont sympathiques et sains. En prenant conscience de l'acharnement au quotidien des Québécois à préserver leur identité française, cernés comme ils le sont par le monde anglo-saxon, je suis rentrée un peu honteuse de notre quasi-indifférence à leur égard, pendant des années. Par bonheur les artistes sont là, avec leur généreux talent, pour nous faire redécouvrir nos cousins d'outre-Atlantique et leur joie de vivre, que j'ai eu tant de plaisir à partager, à un moment où pourtant cette joie m'avait totalement quittée.

En effet, même si je ne m'en rends pas compte, je suis en pleine dépression... et le mal, ce mal que j'avais presque oublié, pointe à nouveau le bout de son nez.

Peu de temps après mon retour à Paris, de très proches amis, Bernard et Liliane, me prennent par la main et m'emmènent quasiment de force chez eux. Leur amitié et la douceur de me retrouver en famille avec leurs enfants est comme une caresse quotidienne. Ce cocon d'amour m'aide à passer ce cap. Ce n'est qu'au bout d'un an que je me force à les quitter pour réapprendre à vivre seule dans un nouvel appartement.

Nous sommes en 1984. Le chagrin de la rupture après une année aussi éprouvante nerveusement a pour conséquence une récidive, cinq ans après les premières attaques du cancer. Les médecins préconisent une nouvelle chimiothérapie. Je n'en veux pas. Pas dans un premier temps en tout cas. Je persiste à croire qu'une autre solution est possible.

– Ne tardez pas trop. Rappelez-vous... Ce que je vous ai dit autrefois reste valable, me dit mon chirurgien.

Je m'en souvenais hélas trop bien, mais je savais aussi que tout en moi refusait cette nouvelle agression. Je partais en guerre à nouveau. Devoir lutter contre la maladie m'a d'ailleurs aidée à prendre le dessus sur ma rupture avec Didier.

J'ai d'abord essayé un traitement homéopathique. Au bout de deux mois, ne constatant aucun effet, je n'ai pas insisté et je suis partie dans une autre direction.

Maman avait entendu parler de Jean Le Foll, un dentiste de Nantes qui avait guéri un de ses patients d'un cancer des gencives. Passionné par la recherche, cet homme se voyait néanmoins souvent attaqué par le corps médical. Son traitement était basé sur des injections en intraveineuse d'une molécule à base d'acides aminés, associées à une acupuncture particulière avec lesquelles il obtenait, semblait-il, des résultats significatifs.

C'était ma dernière carte. Je décidai donc de me rendre à Nantes chaque semaine. J'admirais la façon dont cet homme s'investissait pour ses malades. C'était une personnalité hors du commun qui allait jusqu'au bout de ses convictions.

Cette fois-ci, j'étais bien décidée à suivre mon intuition et à rester à l'écoute de mon corps. Avec prudence, bien sûr. Je tentais une expérience, mais je restais sous la surveillance de mon chirurgien. On peut choisir de ne plus être spectateur mais acteur de sa vie. Il est important de faire confiance à la faculté d'adaptation que chacun de nous possède sans le savoir. Nous sommes prisonniers de trop de schémas, de règles, de peurs. Au bout de deux mois les douleurs avaient vraiment régressé... J'étais confiante lorsque j'ai pris rendez-vous avec mon praticien, mais sans certitude évidemment.

— Maintenant, lui ai-je dit, je peux passer la cœlioscopie de contrôle.

Je suis entrée à l'hôpital le lendemain. Au réveil, le Pr Sallat-Baroux m'a rassurée.

— Écoutez, je ne sais pas ce que vous faites, si ce sont vos piqûres ou autre chose, mais tout est en état d'autocicatrisation. Alors continuez !

On ne peut pas gagner sur tous les plans... Ce que je venais de traverser avait sans doute mis à mal mon discernement. Quelque temps plus tard, j'ai eu une brève liaison, sans grande importance, avec un garçon rencontré lors d'une séance photos. Mal m'en a pris ! C'était un escroc patenté à qui il n'a fallu que quelques mois pour me plumer comme un pigeon. Ça tombait mal, je venais juste de m'engager sur l'achat d'un terrain dans le sud de la France... et je n'avais plus un sou. Je refusais pourtant que cette erreur m'oblige à renoncer à mon rêve. J'ai pris un crédit, demandé un étalement d'impôts et concrétisé mon projet en laissant ce problème entre les mains des avocats. Tout cela était bien sûr très contrariant, mais tellement moins important que l'absence de Didier dans ma vie, et mes soucis de santé... Il me paraissait primordial de ne pas me laisser atteindre. Mon énergie devait se diriger ailleurs.

On m'a proposé *Un été d'enfer*, avec Thierry Lhermitte et Daniel Duval. Tournage en Espagne. Je tenais le rôle d'une jeune femme à la recherche de sa sœur disparue, et qui engage pour la retrouver un détective privé débutant mais désabusé, Thierry Lhermitte, dont l'enquête va nous conduire peu à peu dans le monde de la drogue.

J'avais déjà joué avec Thierry et Michel Roux dans *Pieds nus dans le parc*. La mise en scène était de Pierre Mondy, ce maître de la comédie, qui nous avait entraînés dans tant de fous rires avec son talent à mimer tous les personnages masculins comme féminins. Cet épisode théâtral avait été un pur moment de bonheur.

Le tournage avec Thierry reste dans la lignée. Clair, droit, franc, sans prise de tête et l'humour au bord des lèvres en permanence, Thierry est sain et passionné de mer. Comme elle est tout autour de nous, il est heureux. Quelques frictions entre le réalisateur et Daniel Duval viennent parfois assombrir un peu l'horizon, mais ce n'est pas bien grave. Le tendre et volcanique Daniel n'est pas toujours facile à gérer, mais combien attachant et talentueux...

Les piqûres me réussissent admirablement. De surcroît elles renforcent mon organisme. Je suis en pleine forme et ne ressens aucune fatigue, contrairement à ce qui s'était passé lors du premier traitement où la chimio m'épuisait. Jouer est un plaisir. Plus les jours passent, plus la douleur s'atténue. La joie de vivre est au rendez-vous. Je me sens bien dans mon corps, je suis débordante d'énergie.

Tarifa, où nous tournons, est le bout de l'Espagne. De la plage on a d'abord une impression d'infini, puis en regardant mieux, par grand beau temps, on peut apercevoir le continent africain. J'aime rester assise sur cette plage. Et j'aime encore plus la symbolique que j'y vois... J'ai droit au bonheur. Je le sens, tout s'ouvre à nouveau devant moi.

J'ai beaucoup appris, sur moi-même comme sur l'âme humaine. Chacun dit chercher le bonheur, mais engageons-nous réellement nos pensées et nos actions dans ce sens, ou bien attendons-nous que ce bonheur vienne d'ailleurs, comme si c'était un dû ? Certains se servent de la douleur physique ou psychologique comme justification de leur comportement asocial. Elle devient leur mode de communication et leur façon d'exister. Cette attitude fausse tout dans leur rapport à la vie, aux autres et à eux-mêmes. Ils se ferment – inconsciemment ou non – la porte d'un retour vers la lumière.

Parce que, au-delà de la douleur, ils se complaisent dans la souffrance. Or il y a une nuance entre les deux mots ! Pour ma part, j'ai mis des années à comprendre ce que j'avais lu dans le livre d'un maître tibétain : « La douleur est inévitable, mais la souffrance est facultative. » Seulement de quelle façon quitter la souffrance ? D'abord il faut le vouloir vraiment. De toutes ses forces. Ne plus arrêter en soi ces pensées douloureuses, mais les laisser vous traverser. Si l'on ne peut les empêcher de surgir, on peut décider de ne pas les retenir.

Une grande souffrance ouvre le cœur et l'âme, elle vous oblige à sortir de votre univers habituel. Elle peut être très négative si vous vous enfermez dedans, et très positive quand, justement, elle vous fait accéder à une autre dimension, forçant au recul l'égocentrisme dans lequel nous avons tellement tendance à plonger.

Confortée par le résultat de la cœlioscopie et l'avis de Sallat-Baroux, j'ai donc poursuivi le traitement avec Jean Le Foll et je me suis complètement guérie en huit mois, sans opération ni chimio. Est-ce mon attitude devant la récidive et la foi que j'avais mise dans ce traitement qui expliquent ce succès ? En grande partie sans doute. Toujours est-il que je suis sortie de cette épreuve beaucoup plus forte qu'avant. Les années suivantes, j'ai fait régulièrement une cure de ces mêmes molécules, pour renforcer le terrain. J'avais appris à faire mes intraveineuses moi-même grâce à Anne-Marie, mon amie infirmière. Au début j'avais besoin d'un peu d'aide pour poser le coton et desserrer le garrot. C'est à mon coiffeur et à ma maquilleuse que je la demandais. La première fois ils ont bafouillé, tétanisés devant cette requête inattendue à laquelle ils se sentaient incapables de répondre... Les piqûres sont une phobie pour beaucoup de gens (elles l'étaient pour moi avant tout ça). Mes explications ont fini par leur donner confiance et curieusement, les jours suivants, ils attendaient presque ce moment avec joie. Pouvoir m'aider en ayant dépassé leur peur les remplissait d'un enthousiasme évident et particulier. Encore une fois, les choses ne sont jamais aussi compliquées que l'idée qu'on s'en fait. Quant à moi, le fait d'assumer ces injections sans avoir besoin d'une infirmière et de raconter ma vie me rendait forte de cette autonomie et m'apportait un sentiment presque joyeux.

Cela dit se soigner n'est pas seulement ponctuel, c'est une démarche quotidienne, en quelque sorte. Prendre soin de soi c'est aussi, souvent, éviter de tomber malade. Nous sommes d'abord et avant tout responsables de nous-mêmes, et nous devons nous prendre en charge. J'ai toujours trouvé ahurissant que tant de personnes considèrent comme normal de dépenser des fortunes pour entretenir leur voiture mais refusent d'investir quelques euros pour leur santé s'ils ne sont pas remboursés par la Sécurité sociale. N'est-ce pas oublier un peu vite que notre corps est notre premier véhicule ? Faut-il attendre qu'il nous lâche pour prendre conscience de sa valeur ? Apprendre à connaître son corps ne fait pas partie des programmes de l'Éducation nationale. On peut le déplorer. Un minimum de connaissances à ce sujet pourrait changer bien des choses. On nous donne des notions d'anatomie, certes, mais sans jamais parler du pouvoir du souffle par exemple, de l'importance de savoir respirer afin de contrôler son énergie. Pas plus qu'on ne parle d'hygiène alimentaire.

Je me souviens du tournage de *La Mort au bout des doigts*, avec Martin Sheen, qui s'était passé aux Antilles. Martin faisait constamment du yoga dans sa caravane. Il avait une vraie discipline de vie. Lors des grandes discussions que nous avons eues, il m'a expliqué que cela n'avait pas toujours été le cas. Il avait même, à l'époque d'*Apocalypse Now*, été très loin dans l'autodestruction. Il a fallu qu'il arrive au plus bas pour réagir. Et la spiritualité l'attendait au tournant. Martin est devenu très croyant. Il distribuait des médailles bénites à ceux qu'il appréciait. Respectueux de tous, il se montrait d'une simplicité rare. Il partageait son poulet avec les chiens errants sous le regard attendri mais vigilant de sa femme. D'une pudeur extrême, il n'osait pas m'embrasser sur le plateau alors que le scénario l'exigeait. Il a fallu que je demande la présence de sa femme, avec qui j'étais très complice, pour le décoincer. Je l'entends encore : « *Come on, Martin ! Come on !* »

C'était drôle. Il était éminemment attachant, avec un côté très enfantin, par moments, dans sa façon de s'arrêter sur les choses et de les découvrir. Je garde un souvenir merveilleux de cet homme. Il n'est pas sans me rappeler quelqu'un qui va profondément marquer ma vie et ma carrière...

Je participe à une émission où sont invités Marc Lavoine et Laurent Voulzy. Retrouvailles sympathiques avec Marc. Le temps de *Pause-café* est bien loin. À l'issue de l'émission, je suis encore dans ma loge quand j'aperçois, glissé sous la porte, un petit billet que je m'empresse de lire. Cinq mots et une signature : « Véronique Jannot je vous adore. » Signé Laurent Voulzy. C'est tout. C'est craquant.

Les mois passent et la vie nous fait nous rencontrer à nouveau sur un plateau, à l'occasion d'une soirée au profit des orphelins de la police. Cette fois nous discutons et je dis à Laurent que j'adorerais qu'il m'écrive une chanson. Il m'explique qu'il écrit rarement pour quelqu'un en dehors d'Alain Souchon, mais qu'il adore ma voix... Nous échangeons cette fois nos numéros de téléphone. Je pars le surlendemain avec des amis à la Réunion et ne rentrerai pas avant quinze jours. « On s'appelle... »

Tout le monde connaît la lenteur de Laurent à composer. Or voilà que, une semaine plus tard, il me joint à mon hôtel. Je ne sais même pas comment il a eu le numéro. Il me fait alors entendre un air au téléphone.

J'adore. Je suis à peine rentrée à Paris qu'il vient avec sa cassette pour me la faire écouter. Dans la foulée, il lance :

– Tu sais quoi ? Ce serait un truc génial à faire à deux.

Et voilà comment est né *Désir, désir*. Je n'ai jamais eu autant de plaisir à faire la promotion d'un disque. Tout n'était que bonheur et fous rires. Toute banalité prenait un goût d'aventure. Le quotidien était battu à plate couture.

Quelques années plus tard le tandem Laurent Voulzy-Alain Souchon a récidivé pour mon plus grand bonheur et m'a offert *Aviateur*. Alain est un génie de la formule. Tout est dit en quelques mots d'images, mieux que dans un long discours. Son cynisme me dérange parfois, mais son talent m'émerveille toujours. Ce disque m'a donné l'occasion de tourner avec la Patrouille de France, de rencontrer ces hommes volants aux personnalités aussi fortes que multiples, et de vivre avec eux des moments exceptionnels. Mon seul regret est de ne pas avoir pu monter avec eux dans les Alpha-Jet, à cause des problèmes d'assurance.

Après le succès d'*Aviateur*, plus rien de précis dans le domaine musical. Parce que je vais au vent comme une feuille qui ne révèle sa couleur qu'au hasard des rencontres, sans trajectoire précise. Je veux vivre. Vite, intensément. Parce que je sais combien le temps est précieux. Je veux un port mais pas d'attache. Un univers sans frontières.

J'étais, de par mon métier, devenue une vraie globe-trotteuse. L'Algérie pour le tournage de *La Dernière Image*, le Cambodge pour *Les Saigneurs*, le Sri Lanka pour *L'Enfant des rues*... Ma rencontre avec Laurent Voulzy est venue mettre de la douceur et de la poésie là où il y avait encore tant d'agitation et de douleur. Laurent est un être pur, profondément spirituel. Nous avions beaucoup de goûts en commun et portions toujours sur les choses le regard émerveillé de deux adolescents. La même quête, la même complicité, la même curiosité pour ce qui se jouait derrière le miroir des apparences. L'ésotérisme, les sciences parallèles et l'occultisme nous attiraient autant l'un que l'autre. Laurent, je devais le comprendre plus tard, était le meilleur maître qui soit pour apprendre à lutter contre la « saisie » et l'« attachement », luttes qui comptent parmi les grandes lignes des enseignements bouddhistes. Parce que Laurent est insaisissable, que rien ne peut le retenir et qu'on est bien obligé d'intégrer le « lâcher prise » – autre enseignement bouddhiste – si l'on ne veut pas s'arracher les cheveux. Il ne faut pas espérer de lui qu'il soit votre source d'équilibre...

Savoir accepter et aimer les êtres pour ce qu'ils sont et ne pas attendre d'eux ce qu'ils ne peuvent donner, encore une grande leçon de sagesse et, par là même, de non-souffrance. Encore une fois, on a trop souvent tendance à attendre son bonheur de l'autre alors que c'est en soi qu'il faut d'abord le trouver pour être plus fort. Ce n'est pas de l'égocentrisme, ni de l'indifférence à l'égard de ceux qu'on aime. Le « détachement », c'est le renoncement à l'idée de « possession ». Plus on parvient à aimer sans « attachement » mieux on peut comprendre l'autre, se mettre à sa place...

Laurent... J'avais parfois envie de poser la tête sur son épaule, mais il ne s'en rendait pas compte... Je donnais toujours le change, aussi avait-il l'impression que j'étais un roc. L'artiste est égoïste. C'est sa façon de se protéger et de créer. Conscient de ce défaut, comme de quelques autres travers dont il était mécontent, Laurent essayait de les combattre d'une façon très mignonne : en les inscrivant sur une ardoise, au pied de son lit, qu'il regardait matin et soir...

Lui et moi vivions comme deux adolescents. D'escapades, de fous rires, de totale connivence. Sans désir frénétique de « construire », en respectant totalement la liberté et l'espace de l'autre, nos vies se sont accompagnées pendant dix ans. La rareté de cette relation nous suffisait.

*
**

Je tourne à Marseille. J'ai commencé les travaux d'aménagement de mon terrain dans le Midi et j'en profite pour y aller les week-ends. Je campe sur mon « domaine » et j'arpente chaque mètre carré avec bonheur. Je ne suis pas un rat des villes mais un rat des champs, ça c'est une chose dont je suis sûre. J'ai eu la chance de naître près de la nature et, plus tard, de connaître un garçon qui me l'a apprise dans ses nuances. Je l'ai déjà dit, mais ce cadeau est le plus beau qu'il ait pu me faire tant cette nature a été pour moi une source de renaissance.

À la fin du tournage je vais passer quelques jours chez mon père au bord du lac d'Annecy. Je n'ai pas le temps d'en savourer le plaisir...

J'aurais voulu que ce moment n'ait jamais existé...

23 août 1987. Didier se tue dans une course d'offshores au large de l'île de Wight... La nouvelle vient de tomber et c'est mon père qui me l'apprend. Sans ménagement. Sans savoir que Didier n'a jamais quitté mon cœur. Son bateau, le *Colibri*, a décollé en coupant à grande vitesse le sillage de l'*Avon*, un pétrolier de la société Esso, entraînant dans la mort Bernard Giroux et Jean-Claude Guénard, ses coéquipiers.

Mes jambes ne me portent plus, je sens que je vais tomber. Tout à coup, pour moi, le néant s'est ouvert.

Je ne parviens pas à accepter la mort de Didier. Tant qu'il était là, même si ce n'était plus avec moi, ce n'était pas grave. J'avais été l'instrument de sa vie à un moment donné, comme peut-être personne d'autre n'aurait pu l'être pour bien des raisons. Mais quel était le sens de ces souffrances et du chagrin accepté, maintenant que Didier n'était plus ?

Je suis prostrée dans mes pensées quand tout à coup, sans que rien n'ait pu me préparer à cela, un ami qui se trouve à mes côtés prononce un mot... un mot secret de Didier pour moi. Cet ami n'a aucune raison d'employer ce mot si particulier. À mes yeux c'est comme une évidence, la preuve que Didier est toujours là... Dans une autre dimension, mais près de moi. J'en ai l'intime conviction. Par l'intermédiaire de ma mère, qui est médium, j'ai déjà été témoin d'expériences bouleversantes. Je ne peux pas à mon tour ne pas être interpellée et passer à côté.

Tant de signes ont suivi que je ne peux pas douter. La mort n'est pas la fin de tout...

– VI –

DES SIGNES SUR LE CHEMIN

Comme on lancerait un nouveau défi à la vie, j'entre-prends la construction de ma maison. C'est une ruine à restaurer. Une ancienne bergerie dans un écrin de verdure. Je rêve d'un endroit où ma famille et mes proches seraient en sécurité en cas de guerre. Et en autarcie. Comme si j'avais connu la guerre ! Désormais, les fondations de cette maison deviennent mes racines et sa construction est mon but. Cette maison sera à la fois mon ancre, mon repaire, mon refuge. Les grandes villes sont dures pour le cœur. Elles faussent les rap-ports entre les êtres, nourrissent l'indifférence et accen-tuent les disparités. La société de consommation y est poussée à l'extrême et le superflu devient très vite essentiel. D'où tant de malaise et de mal-être. J'aime être à la campagne. Les choses et les gens y sont plus vrais. L'homme et la nature sont liés. On vit au rythme des saisons. On prend le temps de regarder le ciel, d'observer les vies parallèles. La notion de liberté est plus présente, et la conscience de faire partie d'un tout, plus évidente. Vu cette interdépendance fondamentale entre l'homme et la nature, le respect de cette dernière et de l'environnement me paraît primordial. C'est bien davantage qu'un vague sentiment écologique : la nature, c'est le Grand Tout. Quand je m'allonge dans l'herbe, face au ciel, entourée de tous ces arbres qui font danser leur feuillage dans le vent, j'ai vraiment conscience de faire partie de ce Tout.

La nature est mon livre de vie en images, j'y fais des découvertes essentielles par identification. Ainsi, j'ai longtemps regardé le lierre comme un ornement jusqu'à ce que je comprenne que c'était un parasite, un cache-misère. Il étouffe les arbres comme tout ce qu'il enserre et il dissimule la véritable nature des choses. Il m'a éclairée sur le monde des apparences et sur les faux amis, qui vous embrassent mais vous asphyxient. Troublant rapprochement... Je fais vivre les arbres, les fleurs et les insectes et je les décline en société. C'est très instructif.

Un autre transfert m'a donné une grande leçon. Depuis plusieurs années, un jeune cerisier que j'avais planté s'entêtait à ne pas me donner de cerises. Ou alors trois, peut-être... Il était pourtant joli. Au printemps, il se couvrait de fleurs blanches en telle quantité que l'on aurait dit un pompon. Et son feuillage à l'automne s'enflammait, offrant un relief unique à ce coin de jardin... À force d'entendre les jérémiades du jardinier, j'ai cependant fini par le déraciner. En regardant ses racines mises à nu, j'ai su immédiatement que j'avais fait une grave erreur en arrachant cet arbre. Un cerisier est fait pour donner des cerises, certes, toutefois j'avais d'autres cerisiers dans le jardin qui remplissaient très bien cet office. Celui-ci m'apportait autre chose que ce que j'en attendais, mais un don tout aussi précieux : le bonheur des yeux. Il ne faut pas rester fixé sur ce que l'on attend d'un être, quel qu'il soit, mais voir ce qu'il vous donne, et qui est peut-être finalement plus important que ce que vous espériez de lui. Si l'on ne change pas sa vie ni les êtres, on peut changer le regard que l'on porte sur eux.

Depuis que j'ai lu le livre *Les Fourmis*, de Bernard Werber, je regarde différemment ces extraordinaires travailleuses. Nous sommes loin de posséder leur organisation et leur sens de l'équipe... *Microcosmos*, le magnifique film produit par Jacques Perrin, m'a invitée à visiter ce qui se passe à mes pieds. J'y ai découvert des trésors. On apprécie mieux les choses quand on les connaît. Entre ciel et terre, le monde animal est présent partout, et cela me remplit d'un sentiment de bien-être total. J'ai une passion pour les animaux. Il n'est pas de moment plus magique que celui où l'on arrive à communiquer avec eux, à comprendre leur langage. À pénétrer leur univers.

J'ai ainsi vécu des semaines de bonheur, un été, grâce à un petit merle sauvé des eaux. Me connaissant, le jardinier me l'avait apporté. L'oisillon avait encore sa coiffure punk... Je l'ai gardé dans la salle de bains. Les jours ont passé et il a survécu. Il s'est établi un tel rapport avec ce petit oiseau qu'il me suivait partout dans la maison, ou se perchait sur ma tête. Je lui apprenais à se nourrir, à chercher les vers dans la vase de la rivière afin de le rendre autonome. Il ne me quittait plus. Il m'attendait, il se posait sur l'anse de mon panier ou sur la machine à café. Il était libre d'aller où il voulait mais revenait immédiatement à mon appel. C'est vraiment à contrecœur que j'ai quitté la maison à la fin de l'été pour aller tourner à l'étranger ! J'ai su que mon merle était revenu le lendemain et que, ne me voyant pas, il n'était plus réapparu. Seuls ses jolis trilles laissaient penser qu'il était encore dans les parages.

Ces historiettes m'enchantent...

J'ai toujours eu un animal dans ma vie. Et à chaque fois ce fut une grande histoire d'amour. Ceux qui n'ont pas d'animaux ou ne les aiment pas ne peuvent pas comprendre l'échange merveilleux qui peut s'instaurer entre l'homme et l'animal. Nos amis à quatre pattes sont souvent capables de plus d'amour que n'importe quel humain. Typhon, le chat siamois que j'ai perdu il y a cinq ans, a été un compagnon extraordinaire. Il était toujours près de moi et me suivait comme un chien. Notre relation unique et passionnelle faisait ma joie de tous les jours et celle de mes amis. C'était de l'amour. Quand j'ai dû lui dire adieu, ce fut une réelle douleur... Mais il est toujours là, dans le « collector » de mes plus tendres souvenirs...

Dans les moments de peine je pense toujours à la façon dont Khalil Gibran parle du chagrin dans *Le Prophète*, en disant que nous pleurons sur ce qui fut notre délice. Plus ce que nous avons vécu a été fort et beau, plus nous versons de larmes. Remercier d'avoir eu la chance de connaître une relation de cette rareté aide à accepter le départ d'un être aimé, qu'il soit humain ou non. Certains disent : « Ce n'est qu'un animal. » Mais savent-ils le vide que l'affection d'un animal peut combler dans la vie d'un être ? Pour les personnes âgées par exemple, ce doit être terrible de se séparer de leur compagnon pour aller en maison de retraite, alors qu'il ne leur reste souvent que cet amour-là. L'amour inconditionnel dont est capable le chien est si émouvant !

Maya, ma fidèle petite chienne des rues ramenée d'un tournage à Miami, est aussi une grande histoire d'amour. Elle partage tout. Je l'emmène aussi bien dans ma loge que sur les plateaux de télé. Elle est la joie de vivre, la tendresse et l'intelligence mêmes. J'ai une véritable passion pour cette jeune princesse noire aux sabots blancs. Et elle me le rend bien. Chaque jour je la regarde et je la revois le jour de notre « rencontre », toute maigre et pelée, avec ses grands yeux marron d'or qui ne me lâchaient plus. Et je me sens heureuse de l'avoir sauvée... Mais comment sont-ils faits, ces monstres qui me donnent parfois envie de partir sur une autre planète, si remplis d'égoïsme, ayant si peu le respect de la vie, pour abandonner leur chien attaché à un arbre au départ des vacances ? Comment font-ils avec leur conscience ?

On peut parfois penser que des défenseurs du monde animal comme Brigitte Bardot ou Allain Bougrain-Dubourg en font un peu trop, mais heureusement que des gens comme eux se mobilisent pour parler de l'inacceptable et pour le combattre. Heureusement qu'il y a des Nicolas Hulot pour parler avec une intelligence concernée, et alarmée, du sort que notre société de consommation réserve à la planète. Nous ne connaissons pas un dixième des dangers encourus, tant les informations sont gardées sous silence pour des intérêts politiques ou économiques. Le monde marche à l'envers, et l'homme sur la tête. On crée pour satisfaire un besoin immédiat sans tenir compte des répercussions dans l'avenir. En fait, on regarde à cinq ans devant soi, une vision à portée d'échéance électorale. Ce genre de constat me rend malade !

*
**

Mon tour du monde a continué avec le Canada, le Mexique, la Louisiane et la Floride pour *Madame le Consul*, l'Afrique du Sud pour *Loin des yeux*, le Vietnam pour *Sud lointain*. Je me nourrissais de toutes ces rencontres, ces différences. J'avais l'impression de grandir de tout ce que j'apprenais de ces voyages. Combien est différente la façon d'appréhender un pays et ses problèmes quand on le découvre de l'intérieur, avec ceux qui l'habitent !

Ma soif de vivre et ma curiosité sont comblées par mon métier et les occasions qu'il me procure. Ainsi, quand on m'avait demandé de faire partie du *Stars Racing Team*, j'avais saisi l'occasion de me lancer dans l'aventure des courses automobiles. Grande rencontre que celle de l'inoubliable et irremplaçable Moustache. Il avait mis au point un petit laïus dont voici quelques morceaux choisis : « Le premier qui freine est un lâche », ou encore « Il faut savoir casser ses jouets pour en avoir des neufs ». Jean-Louis Trintignant, Serge Marquand, Just Jaeckin, Philippe Lavil, Rémy Julienne, Michel Fugain, Catherine Leprince, Jean-Claude Boutier... une sacrée équipe d'éternels enfants pour une équipée qui dura quatre ans.

*
**

Les vraies passions vous suivent toujours de près, et finissent tôt ou tard par vous rattraper, mais peut-être avec une signification élargie, une autre portée... Un ami cascadeur m'a un jour emmenée chez Mario Luraschi, célèbre dresseur de chevaux pour le cinéma. Ce que j'ai vu ce jour-là m'a fait entrevoir un autre mode de communication, une autre équitation. J'ai découvert combien ludique pouvait être l'application de ce dressage. C'était la première fois que je voyais un cheval se coucher, s'asseoir, se mettre sur le dos, attaquer en liberté pour redevenir aussi doux qu'un agneau dans la seconde qui suivait. Cela faisait dix ans que je n'avais pas monté. Il m'a fallu nettement moins de temps pour flasher sur un magnifique andalou gris du nom d'El Rey. C'était le début d'une belle histoire et le commencement d'une amitié avec « les » Luraschi. Je m'étais trouvé une deuxième famille. Je découvrais le monde des cascadeurs. Ces gens de passion qui vivent d'autant plus fort qu'ils flirtent sans cesse avec la mort. Le talent de Mario et ses défis ne cessaient de m'étonner. Comme ceux de Joëlle, sa compagne, qui semblait ne pas connaître la peur et a été la première femme à se lancer de trente-six mètres de haut pour atterrir sur un matelas en plastique, certes, mais quand même ! Un record. Il a été filmé dans le cadre des « Aventuriers du risque ». J'y ai d'ailleurs participé puisque dans ce mini-scénario, par le jeu du montage, c'est moi qui passe par la fenêtre du douzième étage.

Plusieurs années après notre rencontre, un après-midi, alors que je passe à quelques mètres du manège couvert, j'entends des bruits étranges. Je vois Mario à cheval, émettant des sons de gorge très particuliers. Au bout d'un moment, il finit par m'expliquer qu'il est en train de « reprogrammer » ce cheval, lequel vient d'être acheté par un garçon handicapé. Ce dernier ne peut pas donner vocalement les ordres de la même façon que lui. Aussi Mario reproduit-il d'autres sons, associés à l'action qu'il demande à sa monture.

Je ne mesure pas la portée de ce travail, jusqu'à ce que je voie, quelques mois plus tard, ce garçon sur « son » cheval. Sa vie était métamorphosée. Il rayonnait de bonheur. Il était autonome et avait trouvé le plus fidèle des amis. Cette découverte m'a tellement émue que j'ai eu envie de la partager avec le public.

C'est ainsi que j'ai fait ma première expérience en tant qu'auteur avec mon amie Nicole Jamet, qui avait déjà écrit beaucoup de choses pour moi. Nous nous étions rencontrées sur *Pleins feux*, une pièce de théâtre avec Line Renaud, que j'appelle depuis « maman *bis* ». Line... comment ne pas tirer au passage un coup de chapeau à cette magnifique femme de cœur ? J'ai rarement vu quelqu'un d'aussi entouré. Sa personnalité si gaie, si riche, si généreuse lui vaut toutes les amitiés. Chaque jour nous nous retrouvions dans sa loge avant le spectacle pour discuter toutes les trois. Nous faisions « perruches », c'était l'expression que nous avions trouvée. Cette pièce marquait encore les débuts de Line en tant que comédienne. Elle avait le réel désir d'apprendre et faisait preuve d'une grande humilité en abordant ce nouveau chapitre de sa carrière. La meneuse de revue star du Casino de Paris se comportait en élève attentive et studieuse. C'était touchant et remarquable d'intelligence. Quelle énergie que celle de cette grande dame ! Je me dis toujours, en la regardant, que je voudrais vieillir comme elle.

Souvent nous nous perdons de vue après un tournage ou une pièce. Mais dans le cas présent il en fut tout autrement. Nicole Jamet a commencé peu de temps plus tard à écrire pour moi. C'était *Loin des yeux*, coécrit avec Sylvie Dervin. Une amitié était née, et une collaboration qui allait durer des années.

Quand il m'est venu l'idée de ce film avec les chevaux et les enfants, j'ai tout de suite appelé Nicole. Nous sommes toutes deux allées nous imprégner du contexte en Belgique, au château de La Hulpe, dans un centre d'équithérapie appelé « Les Rênes de la vie ». Quelques mois plus tard, *Manèges* était sur les écrans. Ce film sur l'équithérapie raconte combien la relation avec ce magnifique animal qu'est le cheval peut se révéler bénéfique et curative pour beaucoup d'enfants autistes ou handicapés. Après sa diffusion, j'ai reçu à deux reprises des lettres de gens motivés pour monter une structure d'équithérapie dans un club hippique, mais qui se heurtaient aux parents des autres enfants, lesquels refusaient que leur progéniture soit au contact de handicapés mentaux ou moteurs. Là encore, je ne pense pas que l'on puisse parler de méchanceté. Il s'agit plutôt d'ignorance. Si j'avais un enfant, je l'encouragerais à partager cette différence, car il y a un tel courage chez ces gosses, une telle force de vie ! Chacun apporte à l'autre. Le partage enrichit, la différence aussi. Mais pour comprendre il faut voir, essayer de connaître, avoir la curiosité d'aller au-delà de son périmètre quotidien. Le quotidien tue. C'est un tue-l'amour et un tue-l'âme. C'est une prison dont on ne voit pas les barreaux.

*
**

J'ai eu la chance, à travers mes rôles, d'être mère plusieurs fois. Certains films ont été une forme d'exorcisme. Je pense entre autres à *Pour mon fils*, réalisé par Michaëla Watteaux, avec Bruno Volkovitch, où je tiens le rôle d'une mère qui découvre que son gamin est battu par son mari, et va tout faire pour sauver et l'enfant et le père de cette boucle infernale. Certaines scènes ont résonné jusqu'au plus profond de mon cœur, tant j'étais investie dans le personnage. Je défendais mon petit, toutes griffes dehors. Et je vivais cela de tout mon être, en exorcisant cette douleur que personne ne connaissait.

Il est plus facile aujourd'hui pour moi de parler de cette ancienne et terrible blessure que j'ai toujours gardée secrète et dont jamais rien n'a filtré, probablement parce que je n'ai plus vraiment l'âge d'enfanter. J'ai souffert pendant des années d'entendre dire régulièrement : « Alors, et un enfant, c'est pour quand ? » À une époque, j'ai pensé à l'adoption. Mais, rebutée par la perspective des interminables démarches à entreprendre et par les expériences d'amis qui avaient fait des adoptions décevantes, j'ai renoncé, me disant que peut-être, un jour, au hasard d'un voyage, j'aurais l'occasion de recueillir un enfant. Aujourd'hui mon horizon s'est élargi, passant du singulier au pluriel. Ce sont *des* enfants que je veux aider. Des enfants d'ici et d'ailleurs.

Je me souviens d'un article où, à la suite d'une interview où j'avais parlé de l'adoption comme d'un acte aussi beau que celui de mettre au monde, une femme avait manifesté par journal interposé sa « révolte », en disant que si j'avais fait le choix de ne pas avoir d'enfant c'était sûrement plus par coquetterie, par peur d'abîmer mon corps, que pour toute autre chose. J'avais eu très mal en lisant cela. Dans ce même journal, une autre femme lui avait répondu avec, de toute évidence, une approche différente. Peut-être avait-elle été elle-même confrontée au même problème que moi, peut-être faisait-elle simplement preuve d'une vue un peu plus large et de plus de générosité. Toujours est-il qu'elle s'était insurgée avec une certaine véhémence contre ces propos et que je lui en avais été très reconnaissante. Elle avait sans le savoir pris les armes à ma place. Je m'étais sentie moins seule. On ignore les liens qui se tissent dans l'ombre avec des personnes inconnues qui vous ont aidé sans le savoir à un moment de votre vie. Il suffit parfois d'un mot, d'un regard, d'un témoignage, d'un sourire, d'un silence. Au bon moment. Une ponctuation qui change la vie.

Aujourd'hui quand un journaliste un peu lourd me pose la question, la fameuse question, « Est-ce qu'un enfant ne vous manque pas ? » je réponds que la vie en a décidé autrement. Et c'est la vérité. Sauf qu'il y a très longtemps que je sais qu'elle en a décidé autrement. Mon existence me destinait sans doute à autre chose qu'à la joie indicible de prolonger la vie en la donnant. À travers mes films, j'ai pu offrir de l'amour et de l'espoir à des milliers de gens. Peut-être était-ce là ma voie.

Ce dont je suis certaine, en tout cas, c'est qu'il ne fallait en aucun cas transformer cette épreuve en échec : l'échec d'une femme, l'échec d'une vie. Il fallait au contraire en faire l'épreuve d'une existence, celle d'une femme.

*
**

C'est encore chez Mario Luraschi que j'ai fait la connaissance de Coco, une femme atteinte d'un cancer du sein qui en était à sa deuxième récidive et à sa deuxième chimio. Son corps portait les stigmates de son traitement. Un jour elle m'a annoncé qu'elle avait décidé de tout arrêter. Parce qu'elle sentait que la réponse à sa maladie était ailleurs. En elle. Tant qu'elle n'aurait pas identifié le schéma à partir duquel elle redéclenchait son cancer, elle rechuterait. C'est là qu'elle m'a parlé du bouddhisme et de la pratique de la méditation qu'elle avait commencée. J'ai lu depuis un texte qui m'a marquée, et qui illustrait parfaitement la situation...

La prochaine fois que vous vous trouverez pris dans un processus mental répétitif, lâchez vos points de vue, ouvrez-vous à tout ce qui peut être appris d'une nouvelle manière d'être. Cette énergie que vous utilisiez avant pour renforcer vos vieux processus mentaux répétitifs, utilisez-la maintenant pour prendre en main vos difficultés. Quand vous vous affirmerez ainsi, vous ne trouverez aucune limite à votre énergie créatrice, à la plénitude de votre expérience. À mesure que nous changeons nos habitudes et nos processus mentaux répétitifs, nous nous apercevons que nos problèmes peuvent nous aider à croître intérieurement. Nous cherchons toujours à échapper aux situations difficiles ou à contourner les obstacles. Mais de même que les nuages obscurcissent le ciel, de même contiennent-ils la fertilité nécessaire à la croissance.

Avant même d'avoir lu ces lignes, les propos de Coco me paraissaient logiques et me confortaient dans le sentiment que j'avais de l'importance du travail sur soi. Quand elle a eu identifié la raison profonde qui atteignait sa féminité et « démonté le mécanisme répétitif », elle a pu changer son comportement et vaincre définitivement son cancer. Je n'explique pas ce phénomène mais le fait est là : elle n'a jamais rechuté. Vingt ans après elle est toujours en pleine forme. Elle n'a jamais cessé de pratiquer la méditation. Je ne dis pas qu'il faut faire de son exemple une généralité, néanmoins beaucoup de cancers sont générés par nous-mêmes, par notre esprit, nos contradictions, notre mal-être. Il faut en prendre conscience. On ne nous apprend pas combien notre forme dépend de notre état d'esprit et à quel point nous sommes vulnérables aux pensées négatives, celles des autres et, surtout, celles que nous émettons.

J'ai voulu en savoir plus sur la « pratique » dont parlait mon amie. J'ai assisté à l'une de ces séances. C'était la première fois que j'entendais des récitations de mantras[1]. La découverte de ces sons si particuliers a été pour moi une expérience étonnante. Les mantras sont des formules qui proviennent d'un être éveillé, d'un bouddha. D'une forme phonique extrêmement puissante, ils sont censés relier votre esprit à l'esprit de sagesse de ce bouddha et au cœur de votre être.

J'ai participé à plusieurs reprises à des séances de méditation. Mais, était-ce par manque d'habitude ou de concentration, j'avais un peu tendance à m'endormir et je bâillais sans cesse.

— C'est parce que tu te laisses rattraper par le *samsara*[2], me disait mon amie en riant.

Je le reconnaissais bien volontiers. Malgré tout, l'expérience me paraissait intéressante. Sans connaître le sens exact des mots, je me suis mise à répéter le mantra qu'elle m'avait donné. Sa récitation me faisait du bien. À défaut de réussir à achever la pratique, je m'efforçais de méditer en focalisant mon attention sur un point pour parvenir à me concentrer. Cela me procurait un réel bien-être, une meilleure harmonie avec mon environnement au sens large du terme, c'est-à-dire les êtres et les choses.

La découverte de la méditation et de la philosophie

---

1. Mantra : syllabe ou phrase sacrée dotée d'un pouvoir spirituel.
2. Samsara : la vie sur terre, cet « océan de souffrances » où, prisonniers de nos émotions, nous ne parvenons pas à prendre le chemin de l'éveil. Le cycle des réincarnations.

bouddhiste ne m'a pas seulement séduite : elle a résonné en moi comme une évidence. C'était l'écho de ce que je ressentais sans jamais y avoir associé de nom précis. La graine que cette amie a semée en moi a continué d'éclore tout au long de mes expériences, de mes périples et de mes rencontres. Mon métier, propice à créer des situations sans cesse renouvelées, m'a aidée à combler beaucoup de manques. Ceux dont je souffrais, mais aussi ceux dont je n'avais pas conscience. L'Enfant des rues, Les Saigneurs ou encore Sud lointain m'ont fait découvrir l'Asie. Le Cambodge est certainement le pays qui m'a laissé l'empreinte la plus forte et la plus décisive. La semaine passée à Siem Reap fut un enchantement. Je ne me lasserai jamais de repasser dans ma tête les images du temple d'Angkor Vat au coucher du soleil, avec les moines en robe safran qui s'éloignent au loin dans les rizières si vertes de ce mois de septembre. Ni celles du Taprom, ce temple de nature laissé à l'abandon, ni celles de tous ces bouddhas de pierre qui jalonnent le chemin, ni ces balades sur le fleuve Mékong où les enfants baignent les bêtes dans la lumière dorée du soir, ni surtout ce peuple. Dans ce pays qui a connu tant de malheurs, de trahisons entre frères, il règne cette incroyable paix, ces sourires où que l'on aille, et qui vous accueillent. Le peuple cambodgien est profondément bouddhiste. C'est le premier pays d'où je n'ai pas eu envie de revenir, tant je m'y suis sentie en harmonie. Il le fallait pourtant, car Paris m'attendait... et Laurent, dont c'était l'anniversaire. Laurent, qui avait parfois du mal à suivre ce qu'il prenait pour des lubies...

Avant le départ pour ce lointain voyage, j'avais tenu à me faire opérer de l'appendicite alors qu'aucun signe avant-coureur ne m'y obligeait. Les grands navigateurs le faisaient bien ! Une appendicite n'est rien, mais on peut mourir d'une péritonite si elle n'est pas soignée à temps. Dans cet élan paranoïaque, j'avais envisagé tous les cas de figure les plus rocambolesques : piste bloquée par les Khmers rouges, décollage impossible... Bref, j'en avais conclu que l'ablation de ce petit bout de chair n'était qu'une formalité, comparée à l'angoisse que pourrait occasionner son réveil brutal. Probablement avais-je été traumatisée par le tournage de *La Dernière Image*, en Algérie, où la chute de la grue qui portait la caméra avait failli coûter la vie à un jeune militaire faute de soins d'urgence.

Il faut dire que ce film fut certainement l'un des plus difficiles de ma carrière. Tant sur le plan physique que sur le plan émotionnel. J'en avais d'ailleurs tiré à l'époque un journal de bord : cette échappatoire salutaire me permettait de prendre du recul face à une situation qui s'enlisait dans des contretemps de toute sorte. Une saison des pluies arrivée deux mois trop tôt avait détruit tous les décors, nous obligeant à attendre, cloîtrés dans l'hôtel, des jours meilleurs. Un objectif était malencontreusement tombé. Le responsable n'avait jamais osé l'avouer, par crainte de la réaction de Lakhdar Hamina, le metteur en scène. Aussi sommes-nous restés pendant des semaines avec un rapport de laboratoire douteux avant d'admettre qu'il fallait recommencer le film dans sa quasi-totalité, contraints de tourner en hiver ce qui devait être tourné en été ! Sans entrer dans les détails, il suffit de savoir que sur les hauts plateaux de Bou-Saada la température en hiver est la même qu'en Haute-Savoie pour comprendre combien les conditions de tournage ont pu être difficiles. J'étais enduite de glycérine pour donner une impression de moiteur, et j'attendais la dernière seconde pour me défaire de tous les châles superposés qui me réchauffaient entre les prises. L'hôtel, ex-palace vétuste, était devenu un nid à courants d'air d'une tristesse sans nom. Nous tombions malades les uns après les autres, quand ce n'était pas le retour forcé par la dépression pour certains. Quand allions-nous revenir en France ? Nous étions partis pour deux mois, nous sommes restés trois mois et demi. Une attente interminable... Tenir jusqu'au dernier jour était devenu un challenge communautaire. Phong, ma maquilleuse vietnamienne, a été pour moi un exemple à l'époque. Ce que je prenais chez elle pour de l'égoïsme ou du désintérêt n'était en fait qu'une technique pour se préserver. Elle était centrée sur son énergie, ne se laissant distraire par rien afin de ne pas s'éparpiller inutilement. Elle gardait ainsi la force dont chacun de nous avait tant besoin. Elle m'a conseillé d'en faire autant. Je l'ai écoutée et j'ai très vite senti combien elle avait raison.

Une autre personne assez hors du commun m'a terriblement marquée. C'est Jean Bouise. Alors que son contrat était terminé, il est resté quasiment jusqu'à la fin du tournage pour nous remonter le moral. Il était étonnant. Il avait au fond des yeux une tendresse et une attention à l'autre très rares. Quand je suis restée pour la seconde fois clouée au lit, c'est lui qui venait me tenir compagnie. Il frappait doucement et arrivait avec sa petite valise de tubes d'homéopathie, son gentil sourire et cette humanité dont il débordait. Jean avait la particularité de dormir sur sa chaise entre les prises de vues, droit comme un « I », cela me faisait toujours sourire. Il m'avait d'ailleurs promis de m'apprendre sa technique. Il y avait une très jolie relation entre nous, qui existait entre les mots. Car nous ne nous parlions pas beaucoup. Personne ne parlait beaucoup sur ce tournage. J'entends par là échanger de vrais propos de vie. Personnellement, je sais que je restais plutôt solitaire et me livrais peu. Mes escapades dans les dunes étaient mes respirations. Le sable était si fin qu'il s'échappait en quelques secondes de mon poing serré. Il s'alliait au moindre souffle d'air pour rejoindre le désert qui s'étendait à perte de vue. Le désert... Sa rencontre fut un choc. Entendre le silence est une sensation unique...

Ce tournage, aussi épuisant qu'il ait pu être, m'a donné une grande force pour aborder les suivants. Grâce à lui je savais que j'étais devenue « tout terrain » ; rien ne me faisait peur. La présentation du film en sélection officielle au festival de Cannes fut la récompense de ces mois si difficiles, et de cette lutte au quotidien contre les éléments. Je n'oublierai jamais l'instant où la musique a retenti, où nous avons tous monté main dans la main les marches du palais des Festivals. Sachant d'où nous revenions, être là représentait déjà une sacrée victoire. À cette occasion j'ai retrouvé Jean

Bouise et c'est vraiment là, à quelques petites réflexions et à l'attention particulière qu'il portait à sa femme, souffrante ce jour-là, que j'ai réalisé la dimension humaine de cet homme. Il m'a demandé aussi de lui faire lire ce que « j'allais écrire », avec un petit sourire. Il ne parlait pas du « journal de bord » de *La Dernière Image* mais de ce que j'écrirais plus tard...

Il est d'autant plus important pour moi de l'évoquer dans ce livre, puisque d'une certaine façon il fut le premier à m'encourager à le faire. Pourquoi ? Je ne le saurai jamais. Jean Bouise nous a quittés...

*
**

Hormis le vieil adage « un esprit sain dans un corps sain », rien dans notre éducation ne fait allusion à une harmonie nécessaire entre le corps et l'esprit. Je ne suis certes pas née avec cette conscience, mais avoir été atteinte en pleine jeunesse m'a fait réfléchir à tout cela. Avoir côtoyé la mort m'a permis d'apprécier encore davantage la vie, jusque dans ses plus infimes plaisirs. À chaque minute de bien-être, à chaque instant de bonheur, je dis spontanément : « Merci mon Dieu ! »

J'ai conscience du cadeau que représentent une rencontre, un sourire, un échange. Je savoure la beauté de la nature. Je m'en repais. Je me réjouis de chaque chose que je découvre, que j'apprends. Je m'efforce, comme le recommande le proverbe arabe, de me comporter comme si chaque jour était le premier et le dernier. Cette joie de vivre est née du mal de vivre. Je la cultive d'autant plus. Avec le recul, je me suis souvent demandé si, cinq ans plus tôt, le traitement de Jean Le Foll ne m'aurait pas permis d'éviter l'opération qui a bouleversé mon existence. Les analyses ont en effet montré que le premier mal avait la même origine hormonale que le second. Ce qui a réussi la deuxième fois aurait-il été susceptible de produire le même effet dès les premières manifestations de la maladie ? Je ne le saurai jamais. Qu'importe. À quoi sert d'introduire des « si » dans le présent ? Ce qui est fait est fait. En tout cas, cette fois, la guérison a été totale, au-delà des espérances médicales. C'est tout ce qui m'importe.

Ici et maintenant. C'est ainsi que j'ai choisi de vivre. Même si j'ai connu de graves problèmes de santé et des amours douloureuses à une période de ma vie, je n'oserai jamais dire que je n'ai pas eu de chance. J'estime au contraire en avoir eu beaucoup dans mon existence. Naître dans un endroit privilégié, avoir été désirée et aimée et, dans les épreuves, avoir été entourée par les bonnes personnes en est déjà une. Faire un métier que j'aime en est une autre. Chances aussi, les rencontres, les événements révélateurs, les déclics qui m'ont aidée à me sentir plus forte après ces examens de passage. La phrase du maître tibétain revient décidément comme un leitmotiv : « Nos problèmes sont comme des nuages, ils semblent troubler la sérénité d'un ciel clair, cependant ils contiennent l'humidité fertile qui nourrit la croissance. »

Aujourd'hui je considère que mes épreuves ont été une chance. J'ai dû aller chercher l'essentiel, aller au-delà de ce que je croyais être mes limites.

– VII –

RENCONTRE AVEC LES ENSEIGNEMENTS

Toutes les expériences, toutes les épreuves sont sources d'évolution. Encore faut-il avoir les moyens de les comprendre, ou de les surmonter. Les transcender, dirais-je, sortir des sensations corporelles, affectives, égocentriques et s'ouvrir à autre chose. Cet « autre chose » qui peut faire des miracles, et en tout cas vous libérer de la souffrance, du matériel, parfois de la médiocrité. Si je n'avais pas, de livre en livre, de rencontre en rencontre, fait mon chemin cahin-caha vers la spiritualité, je n'aurais peut-être pas survécu, avec le sourire, aux surprises de mauvais goût que la vie m'a réservées. Ce chemin, je l'ai entrepris sans en avoir conscience, simplement parce que je me sentais bien sur cette route au parfum d'essentiel. Tout a commencé avec *Le Prophète,* cet ouvrage auquel je fais si souvent référence.

J'étais hospitalisée, en 1979, lorsqu'une amie que j'aimais beaucoup m'a rendu visite. Cette femme magnifique avait tout pour elle. Son histoire n'était pas banale. Entrée en clinique pour une simple opération de l'appendicite, elle s'était réveillée aveugle. Du point de vue médical, on n'a jamais su précisément ce qui s'était passé, mais sa cécité semblait irréversible. La médecine ne lui avait laissé aucun espoir, jusqu'à ce qu'elle rencontre un homme qui l'avait initiée à la méditation. En s'appuyant sur cette pratique, son « gourou » lui avait permis de retrouver une acuité visuelle suffisante pour assurer son autonomie. Grâce à cela, elle avait pu trouver un nouvel équilibre de vie. Le jour de sa visite, elle m'a apporté le fameux *Prophète*. Cet écrit philosophique traite de la vie en général, des sentiments, des émotions, en termes simples et avec une sagesse éclairante. Il a été pour moi une révélation. Il m'a ouvert une porte... Il m'a donné un autre regard, une compréhension différente. En moins de cent cinquante pages, il dit tout. C'est ma bible. Il m'est arrivé de l'offrir à mon tour à des amis malades ou en difficulté, et de constater qu'il produisait sur eux le même effet magique.

Les *Propos sur le bonheur*, d'Alain, que j'avais lus quelques années auparavant, m'avaient déjà interpellée. Le philosophe y propose une façon de vivre différemment le quotidien, de porter un regard neuf sur chaque chose et de positiver sa pensée. Vint la rencontre avec Coco, cette amie victime d'un cancer du sein, et tout cela a commencé à cheminer en moi.

En 1993, j'ai été amenée à suivre les enseignements de Sogyal Rinpoché – l'auteur du *Livre tibétain de la vie et de la mort* –, l'un des maîtres les plus occidentalisés de la grande tradition bouddhiste. C'était comme une suite normale dans mon évolution. Ma vie, mes voyages, mes rencontres, mes lectures, tout m'y avait préparée, le terrain était prêt.

Un de mes plus chers amis, Philippe, m'avait offert *Les Chemins de la sagesse*, d'Arnaud Desjardins[1], un livre dans lequel est retracé un itinéraire intérieur profond et sensible auprès des lamas tibétains, et qui a le mérite de proposer des disciplines compatibles avec les conditions de vie des Occidentaux.

Comme les choses s'enchaînent toujours le moment venu, ce même ami m'avait également envoyé le *Livre tibétain de la vie et de la mort*. J'ai trouvé dans cet ouvrage des vérités essentielles exposées de façon si claire que chaque propos éveillait une résonance en moi.

Un soir, Philippe m'a proposé de venir avec lui aux « enseignements »...

— Les enseignements ? De qui ?

— De Sogyal Rinpoché, le maître tibétain dont je t'ai passé le livre que tu as tellement aimé. Pourquoi ne viens-tu pas l'écouter ?

— Il donne des enseignements ?

Pour moi, ce maître était dans une autre sphère. Il ne m'était même pas venu à l'esprit que je puisse le rencontrer et encore moins avoir le bonheur de l'écouter. J'étais aux anges, quoique un peu inquiète. On a toujours peur de toucher les ailes d'un oiseau. Si

---

1. Autrefois grand voyageur, réalisateur pour la télévision, Arnaud Desjardins a fait connaître les spiritualités vivantes de l'Orient aux Occidentaux par les films qu'il a tournés sur la vie des maîtres en Inde et en Asie. Il est internationalement reconnu pour sa grande compétence et ses livres sont traduits dans le monde entier.

on l'abîmait ? Mais je ne pouvais laisser passer cette occasion, elle était trop belle.

C'est ainsi que j'ai fait la connaissance de Sogyal Rinpoché et des enseignements Dzogchen[1]. Les maîtres Dzogchen ont une conscience aiguë des dangers qui résultent d'une confusion entre le relatif et l'absolu. L'interprétation que nous faisons des choses en nous laissant prendre au piège de notre propre esprit nous empêche souvent de les reconnaître pour ce qu'elles sont réellement. D'où tant de peurs et de malentendus. Comment faire la paix avec ces contradictions qui nous envahissent en permanence, et nous paraissent soudain insurmontables ou insupportables ?

La séance avait lieu en anglais avec un traducteur formidable, si bien que la langue n'était un obstacle pour personne. L'enseignement lui-même était un miroir reflétant à la perfection l'image de notre existence. C'était le langage de la vie, dans la bouche d'un maître éveillé.

J'allais m'en rendre compte par la suite, mais cette rencontre était à la fois l'aboutissement d'une prise de conscience et le commencement d'une véritable démarche.

Le fait que ce maître enseigne en Occident depuis toutes ces années n'est pas à négliger. Cela lui a permis

---

1. Le Dzogchen est un état, l'état primordial même, l'état d'éveil total, qui constitue l'essence du cœur de tous les bouddhas et de toutes les voies spirituelles, ainsi que l'apogée de l'évolution spirituelle de tout individu. Le Dzogchen est enseigné dans deux grands courants bouddhistes, le myngapa et l'école youngdroung bön.

d'acquérir une profonde compréhension de l'esprit occidental et de notre mode de pensée. Sa pédagogie s'adresse parfaitement aux Occidentaux que nous sommes. Il donne des clés, des petites instructions, pour mieux surmonter les perturbations de notre existence, pour en découvrir les origines, adapter notre comportement aux situations, régir différemment notre rapport aux autres ainsi qu'à la vie et gérer au mieux notre énergie.

L'enseignement dispensé par Sogyal Rinpoché est fait de mots autant que d'images. En l'écoutant, on entend et on voit. Il parle une langue qui ressemble à un dessin et les empreintes de son discours se déposent dans notre mémoire visuelle autant que dans notre mémoire auditive. En cela, ce maître me fait penser à l'astrophysicien Hubert Reeves. Comme celui-ci, il a le talent d'exprimer avec une simplicité déconcertante les choses les plus compliquées, si bien que l'on se sent intelligent en l'écoutant. Tout semble simple et limpide... jusqu'au lendemain matin où l'on a l'impression désagréable d'avoir tout oublié de cette lumière jetée sur les mystères de l'esprit. Entre le moment où l'on entend les enseignements, celui où on les comprend, celui où l'on arrive à les appliquer et celui où tout devient un réflexe, il peut s'écouler beaucoup de temps, voire une vie. Mais, petit à petit, on intègre le message et l'on parvient à l'appliquer dans son quotidien. En titubant parfois. D'autres fois un peu plus fermement. Ce qui compte, c'est d'essayer.

Tout le travail du bouddhisme demande une humilité de base. Accepter ce que nous sommes, et suivre les enseignements qui nous conviennent. C'est pour cette raison qu'il est si important d'avoir un maître. Lui sait qui nous sommes. Il va toujours nous guider vers ce qui est le meilleur pour nous.

Les maîtres sont des êtres éveillés qui vont savoir nous révéler à nous-mêmes. Ils voient tout de suite clair en nous, décèlent nos confusions et, à partir de là, nous amènent vers la clarté de la façon juste.

J'ai aussi eu la chance d'écouter le dalaï-lama à plusieurs reprises. Aussi incroyable que cela puisse paraître, le simple fait de le regarder procure déjà du bonheur tant il est l'incarnation de ce qu'il enseigne. Je suis bouleversée par l'humilité profonde de cet homme, sa fraîcheur, sa spontanéité. C'est une éminence religieuse, un chef d'État, le représentant de tout un peuple, mais quand il vient s'asseoir sur le trône rituel — comme le veut la coutume au cours de ses voyages en France et à l'étranger —, il précise en souriant que ce trône fait simplement partie du décor. Il pourrait aussi bien être assis sur une chaise : pour lui, l'important est d'être parmi nous. Il sait éclater de rire sans formalisme tout en restant au cœur des choses les plus graves.

L'idée que nous nous faisons parfois de la sainteté, pieuse, mièvre et soumise peut nous rendre aveugle à la manifestation dynamique, parfois débordante de gaieté et d'humour de l'esprit éveillé. Sœur Emmanuelle, et le père Pedro, pour ne citer qu'eux, en sont des exemples parfaits.

J'aime la joie de ces êtres. J'aime leur approche de la vie, leur implication dans le quotidien et l'application pragmatique de leur foi. J'aime leur largeur d'esprit. Le dalaï-lama va parler de Bouddha, de Dieu, d'Allah avec le même respect. Il nous encourage d'ailleurs à conserver notre religion, et à pratiquer le bouddhisme *en plus*. Il parle des enseignements sans aucune notion d'exclusivité ou de conversion, mais d'une façon aussi ouverte que possible pour être utile à tous, quels que soient le contexte ou la confession. Le cœur du bouddha-dharma[1] – la vue essentielle – est tellement pratique, simple (et pourtant profond) qu'il peut enrichir et approfondir la compréhension de chacun indépendamment de sa démarche religieuse.

Contrairement à l'approche nihiliste que peuvent en avoir certains, la philosophie bouddhiste nous fait comprendre que nous avons le meilleur et le pire en nous et qu'il nous appartient de développer l'un ou l'autre. Et s'il nous arrive de commettre des erreurs, nous devons les réparer et en supporter les conséquences. C'est la loi du karma. Le terme « karma » signifie littéralement « acte ». Nous sommes responsables de nos actes, d'où l'importance de réduire le champ de *l'ignorance*. Car de l'ignorance naissent les poisons de la colère, l'envie, la haine et l'étroitesse d'esprit. L'idée maîtresse de la pratique bouddhiste est d'éliminer ces états négatifs et de cultiver ceux qui sont positifs. En transformant ainsi notre mental et nos émotions, nous

---

1. Chemin des enseignements, voie du Bouddha.

agissons de façon bénéfique sur le corps, l'esprit et le cœur.

Appliquer ces grands préceptes ne se fait pas en un jour, mais on peut commencer par de petites habitudes quotidiennes. Ainsi, quand j'ai des moments de joie, furtifs ou prolongés, ceux d'une rencontre ou d'un succès, je dis toujours « merci à la vie ». Ne pas oublier de le faire est déjà une clé de la conscience du bonheur. Qu'est-ce que le bonheur, pour la plupart d'entre nous, sinon une succession de moments de plaisir, de satisfactions ? Mais il faut bien être conscient que ce bonheur-là, aussi intense soit-il, ne peut être qu'impermanent, puisque lié à des émotions ponctuelles. Je n'en nie pas l'agrément ni le bienfait, seulement l'appellation. Car le vrai bonheur est justement celui qui ne dépend pas des influences extérieures mais que l'on trouve en soi, comme un état permanent : la paix intérieure. Cela n'empêche nullement d'y ajouter les plaisirs de la vie, bien au contraire, à condition de ne pas être dupe de leur importance.

*
**

Sans que j'en aie clairement conscience, les dogmes m'ont toujours dérangée. J'avais un problème avec la religion. Je considérais qu'elle faisait partie d'une logique sociale contre laquelle je me rebellais. Je doute que les enfants comprennent la signification profonde de leur engagement le jour de leur première communion, et je pense qu'il faut être adulte pour choisir sa confession.

Le bouddhisme m'a appris que l'être humain recelait une part divine à laquelle chacun avait la liberté de se reconnecter. Une tâche rendue difficile par l'existence que nous menons, les ambitions, le goût du pouvoir, de l'argent ou de la notoriété, autant de voiles qui nous empêchent de voir l'essentiel. Suivre la voie de la sagesse n'a jamais été plus urgent ni plus difficile qu'aujourd'hui.

Mais que les choses soient claires : je parle de spiritualité, et non de religion. Ce sont pour moi deux notions bien différentes. Un maître indien du nom de Sri Sri Ravi Shankar[1] exprime cette dichotomie avec beaucoup d'humour. Il dit que la religion s'apparente à la peau d'un fruit dont la chair n'est autre que la spiritualité. La peau peut être jetée, car seule la chair vous nourrit. Au-delà de Jésus, d'Allah ou des Prophètes, il y a la foi. C'est ce dont je préfère parler ici.

La notion de péché et de culpabilité est omniprésente dans les religions judéo-chrétiennes. Dans le bouddhisme, on parle de régression et de progrès, pas de péché et de rédemption. On ne peut aider un être à grandir en le culpabilisant. C'est un non-sens absolu. La religion ne devrait pas permettre d'enfermer l'homme pour le récupérer, mais plutôt l'aider à s'élever. Elle serait alors la courroie de transmission naturelle de la spiritualité. Pourquoi n'en est-il pas ainsi ?

---

1. Fondateur de *The International Art of Living Foundation*, organisation non gouvernementale à finalité éducative.

Cela peut sembler un paradoxe, mais en écoutant régulièrement les enseignements des maîtres bouddhistes, je comprends mieux la parole du Christ. Ils me l'expliquent comme l'Église ne l'a jamais fait. La foi n'est pas le résultat d'une analyse intellectuelle mais se ressent avec le cœur. Et c'est en suivant cette voie spirituelle que j'ai compris le plus de choses.

Dans mes voyages autour du monde, j'ai rencontré des êtres exceptionnels, libres de tout concept religieux. Des êtres de lumière, d'amour et de générosité[1], comme par exemple sœur Jessie, qui consacre sa vie à soulager la souffrance des plus démunis dans une des régions les plus pauvres de l'Inde, le Bihar. Chez elle se côtoient un crucifix, un bouddha et une main de Fatma. Au-delà de ces différents supports, sa « religion » est avant tout celle de l'amour et de la compassion. Il suffit de lire le dernier livre de sœur Emmanuelle pour voir aussi combien, à ce stade de réalisation, la religion importe peu. Au-delà de toutes les religions, de toutes les croyances, seul l'amour compte.

L'amour – puisqu'on en parle – pourrait être beaucoup plus présent dans nos vies si nous avions un peu moins de peurs. La peur engendre le manque de communication et fait obstacle à la solidarité humaine la plus élémentaire. Elle naît la plupart du temps de

---

1. Bodhisattva : être d'éveil pour les Tibétains. Celui ou celle qui a choisi de consacrer sa vie à soulager la souffrance de tous les êtres sensibles.

l'ignorance. On redoute toujours ce que l'on ne connaît pas. J'ai déjà parlé de l'expérience de *Manèges* et de la réaction négative des gens devant l'éventuelle mise en place d'une structure d'équithérapie pour handicapés.

J'ai trouvé ce comportement navrant ! Les gens craignent le handicap mental ou physique parce qu'ils ne savent pas comment l'aborder. En réalité, la peur, c'est souvent l'idée que l'on se fait des différences. Les a priori sur les apparences sont redoutables. On trouve pourtant beaucoup de richesses et de raisons d'espérer dans l'acceptation et dans le partage des différences. À travers la solidarité matérielle témoignée, l'esprit agit, l'esprit que n'arrêtent ni les frontières, ni la race, ni la religion.

Je suis marraine des « Chevaliers du ciel », une association réunissant des pilotes et des bénévoles passionnés d'aéronautique... Tous les ans, ils s'envolent pour un tour de France aérien, et à chaque étape ils donnent leur baptême de l'air à environ une centaine d'enfants. Des enfants qu'ils appellent « extra-ordinaires », handicapés, cabossés par la vie. La vue de leur fauteuil vide sur la piste et de cet avion tout là-haut dans le ciel est quelque chose de profondément émouvant. Comme est inoubliable le regard de ces gamins à l'atterrissage... Ils viennent d'accéder à une dimension à laquelle ils n'osaient même pas rêver.

Durant l'année, ces jeunes sont jumelés avec des écoliers de leur région pour réaliser un projet en commun. Ils présentent leur œuvre ensemble à chaque étape. Ce jour-là, leur fierté, celle de leurs proches et de tous ceux qui les accompagnent dans leur vie si difficile fait plaisir à voir. C'est une façon formidable d'éduquer les enfants à la différence. Des actions comme celles-ci donnent à l'existence son vrai sens.

*
**

« Elle est comme un oiseau qui dans la cage des mots peut étendre ses ailes mais ne peut pas voler », dit *Le Prophète* à propos de la pensée. Ainsi faut-il accepter que tout ne puisse pas être dit...

J'ai toujours adhéré d'instinct à une force supérieure, au divin, qui ne m'a jamais semblé si présent que dans la nature. Ma religion de naissance n'en faisait pas mention. Le catéchisme ne m'a jamais touchée, parce que je ne comprenais pas avec le cœur ce que l'on me racontait.

Pour ma part, l'amour de la nature a été un lien formidable avec le bouddhisme. Je me suis nourrie de ses leçons, de mes propres observations, de la fusion avec elle. Je crois que ça a été ma façon première de ressentir les enseignements et d'essayer de les mettre en pratique. L'homme fait partie d'un tout, dont les éléments sont interdépendants, d'où l'importance de respecter toutes les formes de vie. C'est par le biais de la nature et de cette notion de « tout » que j'ai adhéré pleinement au bouddhisme.

Je suis bouddhiste dans mon mode de pensée. Si je ne pratique pas beaucoup, en revanche je m'efforce d'en appliquer et d'en vivre les préceptes au quotidien. Quand on a choisi le chemin du dharma, qui est celui des enseignements, le bouddhisme doit inspirer vos gestes, vos paroles et vos pensées. Il ne suffit pas de réciter des prières ni d'étudier des textes sacrés ou de passer son temps en méditation, surtout quand on n'est ni moine, ni érudit, ni lama. Il faut en revanche veiller à traduire en actes son engagement. S'efforcer de suivre un chemin d'amour-bonté en s'ouvrant aux autres et à la tolérance, c'est déjà être sur cette voie. Éviter de faire le mal est le point crucial des enseignements bouddhistes. Le développement du bon cœur. Et de la gentillesse, une qualité qui relève non de la mièvrerie mais de la noblesse d'âme.

Maintenant, pour progresser, il convient d'acquérir des bases solides dans la pratique de la méditation, l'entraînement à la compassion et la compréhension de la nature de l'esprit.

La méditation est un mot qui peut paraître assez rébarbatif, alors que chacun peut la pratiquer de façon simple. Il suffit de prendre conscience de ces pensées incessantes qui nous envahissent et de laisser l'esprit se reposer en se centrant sur son souffle. En visualisant par exemple une eau boueuse que plus rien n'agite, et en laissant la boue se déposer au fond, tout simplement, doucement... jusqu'à ce que l'eau redevienne claire.

Sogyal Rinpoché nous invite à méditer les yeux entrouverts : « Au quotidien, vous n'avez pas forcément la possibilité de fermer les yeux et de vous mettre dans une posture adéquate, mais vous pouvez toujours être en situation de méditer. C'est pourquoi il est utile de le faire les yeux ouverts, insiste-t-il, de ne pas refuser la vie, de ne pas ignorer ce qui se passe autour de vous. Au contraire, vous devez pouvoir regarder les choses en restant centrés. »

Rien n'est moins anodin que de trouver sa paix sans refuser la réalité. C'est apprendre à faire face. Fuir le problème n'est pas le résoudre.

« Au début, concède Sogyal Rinpoché, pour faciliter les choses, rien n'empêche de commencer par méditer les yeux fermés. On les entrouvrira progressivement jusqu'à être capable de se centrer sans s'isoler. Pour la majeure partie d'entre nous, il est difficile sinon quasi impossible de trouver la tranquillité dans notre cadre habituel. Les bruits du voisinage, ceux de l'extérieur, sont souvent inévitables. Nous devons apprendre à générer la paix en nous malgré ces agressions extérieures. »

Pour ma part cette façon de me décontracter et de me recentrer m'est très profitable car je suis de tempérament nerveux et impulsif. À cause de cela je devrais sans doute pratiquer plus que d'autres, mais je ne prends pas assez le temps de le faire, je me laisse souvent déborder par un manque d'organisation qui plonge ma journée dans l'urgence et l'indisponibilité. C'est un tort. Le piège des priorités me guette toujours au tournant : répondre à un mail, nettoyer la litière des chats, retourner l'appel d'un journaliste, descendre les chaussures d'hiver à la cave parce qu'il faut plus de place dans les placards, téléphoner à maman à qui j'ai dit il y a une heure « je te rappelle dans cinq minutes », finir les abdominaux que j'ai commencés hier soir avant d'être interrompue par un super-documentaire sur Planète... et je n'ai pas fait l'essentiel. Cette tendance à me disperser ne cesse de me jouer des tours. J'aime tant me laisser surprendre par l'inspiration du moment que j'aurais tendance à pousser le bouchon un peu loin. Mais je travaille à me corriger...

Mis à part la gestion difficile du quotidien, j'ai décidé de choyer mon « disque dur » personnel. Je veille à ne pas l'encombrer de dossiers inutiles. Je m'interdis surtout de cultiver les rancœurs. Je ne suis jamais vraiment tombée dans ce travers, mais aujourd'hui je sais combien il est important de renoncer à ces émotions stériles qui nous font plus de mal que de bien. Je reviens volontiers sur des a priori. En revanche j'évite les personnes qui, je le sais, peuvent me blesser en tentant de me faire l'héritière de leur mal-être. On peut aider l'autre mais pas au prix de sa propre destruction. Je crois qu'il faut apprendre à donner en fonction de ce que l'on est capable de donner. Au-delà, on perd son énergie vitale. Sans compter qu'il peut y avoir dans cette attitude une forme d'orgueil pernicieuse : l'ego se niche parfois dans nos intentions les plus altruistes. Savoir reconnaître ses limites et dire non est une forme de sagesse qui peut être interprétée comme de l'égoïsme, mais tant pis. Il faut assumer cette situation, même si notre refus risque d'écorner notre image.

*
**

La souffrance m'a forcée à chercher une porte hors de mon périmètre habituel. L'expérience m'a prouvé que l'on cicatrise de tout, ou presque. En tout cas on apprend à vivre avec ses blessures. Tout est question de temps. D'une certaine façon, lors d'une épreuve physique ou morale, nous sommes amenés à faire un choix : nous laisser mourir ou essayer de continuer à vivre. Si nous choisissons la deuxième solution, alors il ne faut pas ménager nos efforts. On peut essayer de trouver des lectures enrichissantes, voir des amis, des vrais à qui l'on peut tout dire, ou bien décider d'aller vers le superficiel parce que, pour un temps, ce sont les petits plaisirs qui vont vous redonner le goût de l'existence et jouer un rôle de starter pour vous remettre sur les rails. Je ne renie pas ces petits bonheurs, je souligne au contraire l'importance de ne pas les éprouver de façon machinale, de savoir reconnaître leur prix parce qu'ils attestent que nous sommes vivants. Parfois, au plus fort du désespoir, il se produit quelque chose d'anodin qui nous procure de la joie alors que nous pensions ne plus pouvoir en ressentir... La renaissance commence de cette façon.

La vie est comme un filet d'eau qui s'infiltre. Le bonheur peut se cacher dans les petits riens du quotidien. On vit certes de grands événements et de grandes joies aussi, mais le bonheur se nourrit au jour le jour de détails simples. En ce qui me concerne, le bonheur c'est « ici et maintenant », comme la philosophie bouddhiste l'explique si bien. J'ai fait mienne cette leçon. Aujourd'hui, je traque chaque petit bonheur : un tour en bateau cheveux au vent, une route de Provence à moto, une promenade avec mon cheval et Maya, ma chienne, dans la forêt, le chant d'un oiseau, l'odeur de l'humus, une baignade dans une rivière, le sourire d'une personne que je croise, l'éclosion d'une fleur, courir dans les champs ou vers un ami... Je prends le temps de recevoir ces instants magiques.

Je profite de chaque seconde au maximum. Qu'il s'agisse de travail ou de loisirs, je me donne à fond dans ce que je fais, et je n'aime pas que l'on me parle d'autre chose pendant ce temps-là. Je veux savourer ce que je suis en train de vivre. Je ne veux pas qu'on me vole le plaisir du moment en me projetant sur un autre sujet.

Lorsque je me trouve en proie au doute ou aux soucis, je reviens à l'essence des enseignements, c'est-à-dire aux images que Sogyal Rinpoché a déposées dans ma mémoire, en particulier à celles de la nature de l'esprit, ou bien encore de l'eau, pour leur vertu d'évidence.

L'esprit et les émotions négatives sont comparés au ciel et aux nuages. Ce n'est pas parce que le ciel est obscurci que sa nature a changé. Il n'est que momentanément encombré.

La « nature de l'esprit » n'est certes pas une chose évidente à intégrer. Or, un jour où j'avais l'impression de me noyer dans une nasse de contradictions, j'ai dû prendre l'avion. À un moment du vol, le commandant de bord m'a invitée à venir dans le cockpit. Nous traversions des strates de nuages en prenant de l'altitude. Tout d'un coup l'appareil émergea en plein soleil. Nous étions dans une lumière pure tandis que les nuages s'étendaient au-dessous de nous à perte de vue. Le soleil était omniprésent et la terre avait disparu. Par identification, j'en éprouvais une intense sensation de légèreté. L'image de la nature de l'esprit, immuable malgré les perturbations, se matérialisait sous mes yeux. C'est en intégrant ce genre d'image dans les moments difficiles de notre vie qu'on parvient à prendre du recul.

De même, Sogyal Rinpoché donne l'exemple de l'eau pour expliquer combien il est inutile de chercher à « saisir ». Nous ne savons pas lâcher prise sur l'émotion. On se fixe sur elle. On pense et repense, on s'acharne à résoudre, à avoir ce qui n'est pas prêt à être pris. J'ai mis du temps à comprendre qu'il était inutile d'essayer de saisir l'insaisissable, et à faire mienne l'image de l'eau dont parlait Sogyal Rinpoché. J'ai encore en mémoire le sable des dunes de Bou-Saada, que je n'ai jamais pu retenir dans mon poing fermé... C'est si simple de tourner sa paume vers le ciel, et tellement moins fatigant aussi ! On économise son énergie et, surtout, on se met à l'abri de la souffrance, puisque vouloir sans obtenir engendre la douleur. Les fixations sont dangereuses. Plus on s'obstine et moins on comprend. Cela peut aller jusqu'à l'absurde.

« Arrêtez de cogiter. Posez-vous. Laissez les pensées passer, car vous ne pouvez pas les en empêcher, mais laissez-les vous traverser, et revenez à votre base fondamentale. » On met du temps avant de comprendre toute la portée de ce conseil, mais c'est un point essentiel. Il joue beaucoup sur notre liberté réelle, sur le sentiment que nous en avons, et sur notre évaluation de la souffrance. Précisons d'ailleurs que, lorsque nous parlons de souffrance, il s'agit souvent, en réalité, de banales contrariétés. Combien d'entre nous confondent problème et contrariété, ou souffrance et affliction ! Il serait parfois souhaitable de rendre à César ce qui appartient à César et de donner aux « péripéties de la vie », comme je les appelle si souvent, leur véritable importance.

Le comédien est une mémoire. Il doit retrouver ou trouver l'émotion qu'il va transmettre au spectateur. Le réflexe d'enregistrer inconsciemment toute émotion de sa vie, d'être d'une certaine façon accompagné d'un petit spectateur perché sur son épaule, est peut-être une chance, une distance avec la souffrance. Je ne sais pas exactement à quel moment parce que chacun est différent, mais immanquablement, chez l'acteur, surgit ce petit œil témoin. Et cela n'implique surtout pas que le ressenti soit moins fort, violent ou destructeur ; au contraire, je pense qu'il est vécu jusqu'au plus profond de soi. Mais cela permet de prendre du recul. De toute façon ça ne sert à rien de fuir un chagrin, on ne lui échappe jamais. Il faut l'accepter pour mieux le combattre. Donner une identité à l'émotion et garder la nôtre. Prendre l'ennemi par la main. Se familiariser avec lui. Accepter ce squatter momentané et surtout ne jamais oublier qu'il *est* momentané.

En matière de chagrin ou de souffrance, du reste, il n'y a pas que les drames qui nous affectent. Il y a plus insidieux, et parfois pire à long terme : nos ennemis intérieurs. D'où l'importance de garder un certain sens de l'autodérision. Un art que maniait à la perfection mon amie Isabelle Mouly, attachée de presse de Karl Zéro, dont je sens l'œil moqueur, encore, à mes côtés.

Nos ennemis intérieurs, ce sont souvent nos peurs. Peur de souffrir, de perdre, ou de devoir changer des habitudes que l'on ne veut pas bouger. On a si peur d'être déstabilisé ! On se protège, on se couvre. Mais comment sentir ce qui réchauffe si l'on est déjà sous un bonnet et trois polaires ? Il faut s'ouvrir à ce qui nous entoure. Éprouver, vivre, avec son cœur, les joies comme les douleurs. Vaincre ses peurs c'est devenir vivant. Être courageux ne signifie pas ne pas avoir peur, mais aller de l'avant malgré cette peur. Ce n'est pas de l'inconscience. C'est un choix de vie.

Cela étant, « aller de l'avant » ne signifie pas se lancer dans n'importe quoi. J'ai aussi compris l'importance d'identifier ce qui est bon pour moi et ce qui ne l'est pas. Encore une fois, reconnaître les choses pour ce qu'elles sont. Mon guide spirituel a abordé le sujet dans un de ses enseignements. Il parlait du piège de l'esprit et de l'importance de ne pas confondre ce que nos envies personnelles projettent dans une relation et la relation elle-même. Il imageait la situation ainsi : « Souvent, nous regardons un film que nous ne trouvons pas particulièrement bon mais, comme nous l'avons loué, nous continuons à le regarder alors que nous savons bien qu'il ne nous apporte rien et que c'est au bout du compte du temps perdu. Ou alors nous persistons parce que nous attendons que quelque chose se passe... Et rien ne se passe, parce qu'il n'était pas prévu dans l'histoire qu'il se passe quelque chose. Mais le temps est quand même perdu. » Cette image m'a beaucoup éclairée à une certaine époque. Car même si l'on travaille à améliorer sa « vue », les pièges n'en restent pas moins tentants... Le besoin de vibrer, particulièrement en amour, peut emmener très loin de soi, faire accepter des situations ou des comportements qui ne sont au fond pas tolérables, et entraîner sur un chemin où l'on se perd.

Il en va de même dans tous les domaines de notre vie. Il faut demeurer vigilant. On peut se croire dans la bonne direction et avoir oublié sa boussole.

– VIII –

TROP D'IDÉES REÇUES
SUR LE BOUDDHISME

Beaucoup d'entre nous auraient intérêt à se tourner vers le bouddhisme pour améliorer la qualité de leur vie, mais ne le font pas à cause d'un certain nombre d'idées préconçues qu'ils ont de cette pratique. Ils confondent enseignement et endoctrinement, maîtres et chefs incontestés, karma et fatalité, sagesse et renoncement, vacuité et nihilisme. Bref, ils se disent que vivre « bouddhique » n'est pas drôle du tout, alors que c'est, au contraire, mieux vivre.

*
**

Bouddha a dit : « N'acceptez jamais quelque chose parce que je l'ai dit. Méditez, réfléchissez, examinez bien et seulement quand vous êtes sûrs que cela est bon pour vous, alors acceptez-le. »

Le bouddhisme n'est pas basé sur des dogmes mais sur la recherche. C'est à ma connaissance la seule religion libre, qui encourage la quête spirituelle. On ne pousse jamais quelqu'un à accepter les choses parce qu'un maître les énonce : on le pousse à chercher, à approfondir, et à être totalement en accord avec ce qu'il pratique.

Le bouddhisme a une vocation missionnaire qui remonte à ses origines : la « Voie de la délivrance » découverte par le Bouddha[1] devait être montrée à tous les hommes sans distinction de race. Contrairement aux évangélisations catholiques musclées qui ont eu lieu par le passé, la propagation des enseignements bouddhistes s'est généralement faite dans la tolérance et la souplesse, en respectant la sensibilité, les croyances et les coutumes des individus et des peuples. Cela explique la grande diversité des mouvements bouddhistes dans le monde.

Philosophie, ou religion ? Le bouddhisme est par nature l'une et l'autre, ce qui surprend les Occidentaux car, de ce côté-ci du globe, il s'agit de deux concepts séparés. En fait, par l'ampleur de ses vues et la profondeur de sa pensée, le bouddhisme permet de prendre ses distances avec le monde des apparences et de s'avancer sur la « Voie de la délivrance », c'est-à-dire celle de la liberté intérieure. Une amie qui s'est sortie

---

1. Bouddha (ou Buddha) : mot sanskrit qui signifie « l'Éveillé ». Selon les traditions, il serait né entre 566 av. J.-C. (tradition cinghalaise) et 543/544 av. J.-C. (chronologie longue en vigueur en Birmanie et en Thaïlande).

de l'enfer de la drogue grâce aux enseignements et à la pratique me disait : « Le voyage de la spiritualité a été aussi fort que celui de la drogue, mais j'avais conscience qu'il me construisait au lieu de me détruire. »

Quant aux « maîtres », ils ne sont pas là pour nous endoctriner, mais pour nous guider. Or ce qui manque le plus cruellement dans notre société, c'est l'accompagnement. Nous ne sommes pas faits pour être assistés mais pour être « accompagnés », ce qui me semble au demeurant beaucoup plus digne. Certes, il y a l'aide aux malades, aux mourants, mais pourquoi pas l'aide aux vivants avant qu'ils ne deviennent des souffrants ? Le bouddhisme est une philosophie de vie avant tout. Les principes qu'il propose peuvent être envisagés par chacun, très simplement, afin d'améliorer son quotidien. Ces règles sont de véritables clés pour un mieux-comprendre et un mieux-être qui ouvrent infiniment plus de portes qu'on ne l'imagine.

Avancer sur la route de la connaissance de l'esprit est une question de temps. Ce travail d'approche – car c'en est un – n'est ni aisé ni rapide. La prise de conscience constitue le premier pas indispensable, mais la donnée essentielle de la démarche reste la motivation. Même si les progrès paraissent parfois très lents, on peut agir très vite sur de multiples situations rencontrées au jour le jour. C'est une véritable satisfaction, et un grand bonheur.

On n'ignore pas aujourd'hui la corrélation entre le corps et l'esprit, ni le lien entre une santé défectueuse et la façon dont on fait face au stress et aux émotions. L'esprit est à la fois la source du bonheur et la source de la souffrance. De même qu'il possède une capacité extraordinaire de guérison, il joue son rôle en nous rendant malades.

Beaucoup de personnes confrontées à de grandes douleurs physiques ou morales se tournent vers la spiritualité comme je l'ai fait moi-même. On peut être chrétien, juif ou musulman et adopter la philosophie bouddhiste : ce n'est pas incompatible, je le répète. Le dalaï-lama insiste sur ce point : « Ne vous convertissez pas ! La religion dans laquelle vous avez été élevé est probablement celle qui vous convient le mieux. Ne vous convertissez que si vous êtes vraiment convaincu que vous allez trouver dans le bouddhisme quelque chose de mieux pour vous. Réfléchissez vraiment à deux fois avant de vous convertir. »

Pour le dalaï-lama, en effet, la religion revient à avoir « bon cœur », ce qui peut se réaliser dans tous les systèmes philosophiques, quels qu'ils soient. Aimer les autres et avoir ce qu'il appelle « *love and kindness* », l'amour-bonté. C'est son leitmotiv. Mais la pratique du bouddhisme *en plus* permet d'éliminer la souffrance, ou du moins de la « relativiser », et d'accéder à la paix intérieure. Le bouddhisme vous donne les clés pour atteindre cette paix. À condition d'être accompagné par un maître, ne serait-ce que pour vous éviter les fausses interprétations occidentales de cette philosophie.

Par exemple, à une époque où l'on parle beaucoup de sectes, il est important d'être clair sur ce point : le bouddhisme n'est pas une secte. Une secte est un organisme qui exclut toutes les croyances autres que la sienne. Le bouddhisme n'agit pas ainsi. Il donne à ses adeptes une totale liberté d'utiliser les chemins qu'ils jugent bons pour atteindre ce que nous appelons Dieu et qu'il appelle l'Éveil.

Autre erreur d'interprétation fréquente en Occident, celle qui concerne le terme de « gourou ». Pour les bouddhistes, il désigne en effet un chef spirituel, un maître, un guide. Cet être éveillé nous conduit, en nous indiquant ce qu'il faut conserver et ce qu'il faut rejeter pour être en accord avec nous-mêmes. Le maître n'est pas là pour nous asservir mais au contraire pour nous donner des clés qui nous aideront à trouver par nous-mêmes le chemin de la liberté intérieure et du bien-être. Ce maître a lui-même été disciple d'autres maîtres avant d'enseigner. Les enseignements se transmettent de maître à disciple. Il ne peut pas y avoir d'interprétation subjective ni d'appropriation. Certes, un maître exige beaucoup de ses disciples mais c'est dans le but de les aider à élargir le champ de leur conscience. De l'extérieur, on pourrait interpréter le comportement du disciple envers son maître comme de l'obséquiosité. Ce n'est que du respect et cela fait partie d'un rituel. Les maîtres eux-mêmes, nous l'avons dit, se sont autrefois trouvés en position de disciples et ont reçu de leur propre maître non seulement les réponses les plus éclairantes aux questions les plus vitales, mais aussi une transmission d'énergie qui ne peut être comparée à aucune expérience connue. « Ni crainte, ni obséquiosité, mais amour et gratitude. Tout silence partagé avec le maître est communion avec la vérité de ce qui est », dit Arnaud Desjardins qui ajoute : « Il est parfois un monde d'immobilité plus actif que toutes les agitations, et un silence plus vibrant que toutes les paroles. »

En fait, au contact d'un maître, non seulement vous ne perdez pas votre libre arbitre, mais vous gagnez en liberté. En Inde, on dit qu'en abandonnant son ego à un gourou, on touche les dieux.

*
**

Contrairement à ce qu'on entend dire communément, il n'y a pas de fatalisme dans le bouddhisme, surtout pas dans la perception du karma. Cette notion est souvent mal comprise en Occident, parce qu'on la confond avec un destin inéluctable. Or ce qui est inéluctable, c'est la loi de cause à effet qui gouverne l'univers et qui nous guide. Selon la loi du karma, chaque faute commise dans une vie précédente a des conséquences sur notre vie actuelle. Et nos vies futures, de la même manière, dépendent de nos actions d'aujourd'hui. Donc pas question de baisser les bras en se disant : « À quoi bon faire des efforts, puisque ce que je suis maintenant dépend de ce que j'ai fait avant ? » Pour qui comprend la règle du samsara, le cycle des réincarnations, c'est au contraire le moment de se mettre au travail pour cesser de fabriquer du mauvais karma pour l'avenir. En ce sens, la loi du karma nous rend plus conséquents, et nous inculque l'idée de la responsabilité de nos actes. Il nous appartient de garder ce qui est bon dans notre héritage, de le cultiver, mais de chercher aussi à améliorer ce qui ne l'est pas. Le grand problème de notre époque vient de la société de consommation, dans la mesure où celle-ci exacerbe tellement les désirs qu'elle encourage les sentiments de frustration, d'envie et de jalousie, qui ne peuvent qu'alourdir notre karma. Cela va à l'encontre de ce qu'enseigne le dalaï-lama : si l'on arrive à être moins vulnérable aux tentations du monde extérieur et à ne pas envier les autres, on devient beaucoup plus heureux. C'est d'une logique imparable.

Quant à l'effacement de l'ego prôné par le bouddhisme, il nous offre en fait un véritable chemin vers le bonheur. Cela ne signifie nullement que nous n'existons pas, que nous n'avons pas d'importance : cela veut dire que tous les êtres ont la même importance, donc qu'il n'existe pas de barrière entre eux. Bien sûr ils ne sont pas tous « égaux », au sens « apparent » du terme. Il y en a des beaux, des laids (suivant les critères), il y a des chefs et des suiveurs, et ainsi de suite... mais tous ont droit au même respect. Le respect de l'autre est une des bases essentielles du bouddhisme.

Le dalaï-lama nous recommande aussi de nous réjouir du bonheur des autres. Force est de reconnaître que ce n'est guère à la mode par les temps qui courent. Certes, on peut comprendre la convoitise des plus démunis, mais la jalousie haineuse fait aujourd'hui un retour en force. Et pourtant, se réjouir de ce que nos voisins possèdent serait un grand pas vers le bonheur et la liberté. Se réjouir d'un événement heureux survenu à un proche, à quelqu'un que l'on aime ou, pourquoi pas, à un parfait inconnu, est déjà un bonheur en soi. Et ce bonheur est communicatif, au même titre que le rire.

En 2004, j'ai fait avec la chanteuse Maurane l'émission télévisée « Le Fabuleux destin ». Comme tous les participants, j'ai eu droit à un résumé de ma vie en images. Très émouvant. Les filles de mon ancienne équipe de handball, Fabienne, ma complice d'alors, et nos entraîneurs sont venus sur le plateau. C'était formidable de se retrouver ainsi, après tant d'années ! J'étais subitement prête à monter dans le bus, mettre mon tee-shirt et mes baskets et partir jouer au hand avec mes amies.

L'émotion de Maurane devant le film de sa vie m'a presque autant touchée. En riant mais les yeux humides, elle m'a glissé : « Je veux descendre ! » Sa pudeur était mise à rude épreuve. Maurane... Voilà encore une jolie rencontre. J'aimais déjà sa voix unique et maintenant je sais qu'elle lui va bien. Tout en nuances, en générosité, comme elle. Les retrouvailles de Michal, finaliste de la Star Academy 2003, avec son petit frère ont été également un moment fort. Leur émotion semblait vraiment venir du plus profond de leur cœur. J'étais heureuse pour Michal de cette si belle surprise. La vie offre beaucoup de moments, à l'image de ceux-ci, où l'on peut se nourrir du bonheur de l'autre.

Et puis, le bonheur de l'autre ne retire rien au vôtre ! Sachons déjà apprécier ce que nous avons, avant d'envier ce que certains ont « en plus ». C'est déjà beaucoup d'avoir la vie, cette vie qui nous permet de bouger, de comprendre, d'aider, parce qu'on a des mains, des jambes, une liberté de pensée et d'action. C'est encore plus appréciable si l'on a suffisamment de moyens pour ne pas souffrir de l'urgence matérielle. Il est important d'en avoir conscience, non pour en faire des sujets de discussion, mais pour mieux penser à ce que l'on fait de « notre précieuse vie humaine », ainsi que l'appelle le dalaï-lama. C'est le début de la sagesse, qui, je le répète, ne suppose aucun renoncement fataliste, contrairement à ce que certains croient, et n'implique aucune passivité.

La distinction et l'union de la sagesse et de l'activité s'ancrent dans les fondements mêmes du bouddhisme tibétain. La sagesse seule ne sert à rien. Si l'on comprend les choses mais qu'on ne se sert pas de cette compréhension pour une application au quotidien, il est inutile de pratiquer. On reste soi et l'on n'apporte qu'à soi-même.

On rencontre aujourd'hui des bouddhistes partout dans le monde, et si beaucoup se sont tournés vers ce chemin dans un moment particulièrement difficile de leur vie, la raison pour laquelle on vient à une religion est en fait secondaire. Les maîtres disent souvent que le motif n'a pas d'importance, du moment que l'on se met à méditer. Et le but ultime de la méditation est d'atteindre la *vacuité*... Aïe, aïe, aïe ! Notion difficile a appréhender. Et encore plus à expliquer...

En Occident, la vacuité est associée au néant. Or, lorsque le bouddhisme dit que nous n'avons pas d'existence intrinsèque, cela ne signifie pas que nous n'existons pas, cela veut dire que nous sommes « en mouvance », d'une existence à l'autre.

Un être éveillé est un être qui a « réalisé » la vacuité,

c'est-à-dire l'idée que les choses n'ont pas d'existence intrinsèque, mais dépendent toutes les unes des autres. Pour les bouddhistes, la notion de vacuité est l'essence même de la vie car elle est associée à la notion d'inter-dépendance. Aucun phénomène, aucun individu ne peut exister sans le concours de causes, de conditions, voire d'autres individus. Prenez un bol, par exemple : il a fallu de la terre pour l'élaborer, pour que la terre naisse il a fallu des molécules, il a fallu que des éléments viennent de l'espace, il a fallu de la pluie... Cela veut dire que l'existence de toute chose dépend de l'exis-tence de quelque chose d'autre, que rien n'existe par soi-même.

La notion d'*impermanence* constitue un autre fonde-ment du bouddhisme. Elle relève de l'évidence et pour-tant nous l'oublions souvent. Or il est toujours risqué de se situer par rapport aux choses comme si elles étaient immuables. Même si nous nous inscrivons dans une continuité d'apparence, nous bougeons d'un jour sur l'autre. Nous pensons que nous sommes d'une cer-taine manière et que rien ne s'est modifié en nous, mais nous évoluons forcément − et c'est heureux − en fonc-tion des événements. Sinon, que serions-nous ? Tout est en perpétuel mouvement. Les saisons ne sont pas l'apanage de la nature. Nous aussi avons nos saisons. Nous nous transformons. Nous sommes dans l'*imper-manence*. Et les autres également, et les situations. Si nous ne l'admettons pas, nous nous préparons d'inu-tiles souffrances.

Toute ma vie s'est déroulée sous le signe de l'impermanence. Le changement est à regarder comme une promesse de découverte, et non forcément comme une calamité. À ce propos, j'ai lu un très beau texte, écrit par le maître tibétain Tarthang Tulkou.

« Quand nous faisons face directement à nos problèmes et les traitons à fond, nous découvrons de nouvelles façons d'être. Nous bâtissons la force et la confiance qui nous permettront de résoudre des difficultés futures. La vie devient un défi plein de sens nous conduisant à une plus grande connaissance et un plus vaste éveil de l'esprit. Nous découvrons tous que plus nous apprenons, plus nous croissons intérieurement. Plus nous relevons de défis, plus nous gagnons en force et en conscience. Quand nous vivons en accord avec le processus de changement, nous faisons quelque chose de précieux rien qu'en vivant. Il est possible voire facile de passer toute une vie en refusant de prendre la responsabilité de notre propre développement : nous ne souhaitons pas faire l'effort de changer. Or lutter contre le changement demande un effort encore plus grand. Essayer d'empêcher le changement dans notre vie, c'est comme nager à contre-courant. Cette attitude nous épuise et nous frustre jusqu'à ce qu'une impression de défaite commence à imprégner notre vie. Au lieu de cela, nous pouvons choisir de profiter de la nature transitoire de l'existence et apprendre à participer au courant dynamique de la vie, en harmonie avec le processus de changement. Changer est naturel et sain, ce n'est ni à craindre ni à éviter. En observant attentivement les changements qui ont eu lieu dans notre vie, nous pouvons voir que le processus de changement est ce qui amène toutes les bonnes choses. Une fois que nous avons compris que le changement agit continuel-

lement en nous et sur nous, nous pouvons apprendre à utiliser l'énergie du changement pour diriger notre vie. »

Les textes bouddhiques sont pour moi d'une clarté incomparable. Leur lecture est un véritable enrichissement. On peut sans doute ne pas les ressentir immédiatement, mais forcément, à un moment de notre vie, ils vont se révéler d'une aide inestimable. Encore faut-il prendre le temps de les lire et de les méditer.

Tous les maîtres bouddhistes qu'il m'a été donné de rencontrer, hommes ou femmes, estiment que le problème majeur des Occidentaux est de s'éparpiller, de n'être jamais centrés. À leurs yeux, nous sommes toujours partout et nulle part, et jamais – ou si peu – en nous-mêmes. « Arrêtez de penser (rien à voir avec méditer), et revenez plus souvent chez vous. » Si la première réaction est de se dire qu'ils n'ont pas tout à fait raison, on doit reconnaître, après réflexion, qu'ils n'ont pas tout à fait tort.

*
**

À force d'écouter les journalistes me poser toujours la même question : « Pour vous, le bouddhisme n'est-il pas une mode ? » et de m'évertuer à les convaincre du contraire, un sentiment de colère diffuse a commencé à m'envahir. Car enfin, si le bonheur des enseignements des maîtres tibétains nous est offert, c'est parce qu'un peuple a été forcé à l'exil et y demeure depuis près de cinquante ans. On a peut-être un peu trop tendance à l'oublier. Consciente de ce que l'approche de cette philosophie m'avait apporté, et estimant que l'on ne peut recevoir sans donner, je me suis demandé tout à coup ce que je pouvais faire pour aider, si humble soit cette aide. Cette prise de conscience a été un détonateur.

D'une discussion avec deux amies qui partageaient ces convictions est né le projet d'un voyage et d'une association. Mais je voulais aller plus loin... Je me suis mise à penser documentaire : quel angle pouvais-je trouver pour parler du peuple tibétain et de sa culture millénaire aujourd'hui si menacée ? Le bouddhisme est bien plus que la façon dont le perçoivent trop de gens, à savoir un moine en méditation. L'intégration des enseignements génère une activité qui fait qu'on engage sa vie différemment, en pleine conscience. J'avais moi-même essentiellement vu cette philosophie exposée par des hommes. Je souhaitais aborder l'aspect féminin des maîtres, des nonnes et des femmes impliquées dans ce courant de pensée. Et j'ai pensé aux *dakinis*[1], très présentes dans le bouddhisme, tant dans les mantras que dans les peintures.

En Occident, dans nos systèmes de pensée et dans nos religions, le masculin prédomine sur le féminin et structure tout. Alors que la boddhéité exclut toute notion de sexe au niveau supérieur. Le principe féminin n'appartient pas qu'aux femmes et le principe masculin n'appartient pas qu'aux hommes. Le principe féminin

---

1. Les dakinis sont souvent les compagnes spirituelles des grands maîtres, et sont devenues, par extension, les compagnes des lamas.

(sagesse) crée les circonstances qui vont permettre au principe masculin (les moyens habiles) de mettre en œuvre et de réaliser.

Dans le bouddhisme, l'union du principe masculin et du principe féminin est indispensable sur le chemin de la vérité spirituelle. C'est pourquoi les révélations ont généralement lieu en présence d'un maître et d'une dakini. L'expression d'âme sœur prend ici tout son sens. Chacun cherche l'âme sœur, chacun cherche sa dakini. Encore faut-il être prêt à recevoir l'inspiration d'une dakini de qualité. Si la voile du bateau n'est pas hissée, le vent peut souffler, il n'avancera pas. D'où l'importance du moment, du niveau de réalisation de chacun pour que la rencontre spirituelle se produise vraiment. Chaque main a le potentiel d'applaudir, mais on n'entendra de son que si les deux mains se rencontrent. Le principe féminin et le principe masculin fonctionnent de façon identique. Le principe dakini c'est l'inspiration du moment, l'impermanence, l'énergie spontanée, la créativité, mais aussi la sagesse, l'intuition ou encore les circonstances favorables... C'est le contraire de l'approche intellectuelle. Plus un être devient ouvert, réceptif, intuitif, plus il se rapproche de ce que l'on appelle une dakini, un être de sagesse.

Les dakinis sont aussi en quelque sorte des « bouddhas féminins » dont la mission est de guider les êtres sur le chemin de l'éveil.

En approfondissant ce sujet j'ai trouvé qu'il y avait là une véritable originalité : parler des femmes dans les enseignements bouddhistes, montrer l'aspect féminin de cette philosophie me semblait offrir un angle nouveau.

Une relation très amicale s'étant instaurée au fil du temps avec Sogyal Rinpoché, je lui ai parlé de cette idée de documentaire dans le courant de l'année 2000. Il a tout de suite été d'accord pour m'aider à concrétiser ce projet en m'ouvrant des portes que je n'aurais eu aucune chance de franchir sans lui.

Quand j'ai entrepris de me lancer dans cette aventure, je ne savais pas où ce voyage allait m'emmener, ni à la rencontre de qui je partais. Incapable de prévendre mon sujet à une chaîne de télévision puisque j'ignorais ce que je serais en mesure de rapporter, je décidai de gérer moi-même ce voyage et ce tournage. Un ami qui partageait mon enthousiasme et mes convictions m'a donné au dernier moment le coup de pouce financier qui me manquait. Je devenais productrice. Sans aucune expérience dans ce domaine.

De toute évidence, je ne peux pas m'embarquer seule dans cette aventure. Ce qu'il me faut, c'est une coéquipière. Une autre relation va la mettre sur mon chemin. Cet homme me parle d'une certaine Véronica Duport, une jeune femme passionnée de montagne, spécialiste des dauphins, cameraman de son métier, qui a déjà derrière elle un parcours humanitaire et une traversée de l'Amérique du Sud. Le profil semble idéal. Encore faut-il se rencontrer avant de prendre une décision...

Le courant passe à la seconde où je lui ouvre ma porte. D'origine suisse, elle a les expressions savoureuses de ce pays et cet accent que je connais si bien, en tant que Savoyarde. Elle fait partie sans l'ombre d'un doute de ces femmes qui savent ce qu'elles veulent et que rien ne semble pouvoir effrayer. Mon projet la séduit. Elle est prête à tenter l'aventure. Nous partirons à deux caméras, une PD 150 et une PC 120.

La préparation de ce périple fut assez cocasse. Quand Véronica s'est retrouvée devant les sacs à peu près terminés, sa première réaction a été de les défaire. Pour elle, il y avait dix fois trop de vêtements. Il fallait garder toute la place pour le matériel. Je me suis accrochée aux chaufferettes et aux lingettes, indispensables accessoires de confort et de propreté dont nous risquions de manquer le plus, et dont j'avais fait un plein impressionnant. Pour mes affaires personnelles, j'ai obtempéré aux ordres de la spécialiste en me limitant à un petit sac de quarante par quarante, tout en me demandant comment j'allais me débrouiller avec si peu de choses à me mettre sur le dos !

Quand je pars en voyage, je me réjouis du voyage. Je pense à ce que je dois emporter sur le plan pratique, mais après... On verra bien. Quand on ne s'attend à rien, c'est là que finalement on reçoit le plus. Lorsque j'ai entrepris ce grand périple au Sikkim, en Inde, au Népal, où je n'étais jamais allée, je ne savais pas ce que j'allais trouver. Mon postulat de départ : me laisser porter par les événements et rester fidèle au titre de mon documentaire, *Dakinis, le féminin de la sagesse.*

LA DÉCOUVERTE D'UN AUTRE MONDE

Le tournage va s'effectuer en deux temps au début de l'année 2001 : d'abord trois semaines en janvier, puis deux au mois de mars.

Nous devons retrouver Sogyal Rinpoché au Sikkim. Après neuf heures d'avion, nous atteignons Delhi, d'où un vol intérieur va nous permettre de gagner Baggdogra. Pour parvenir jusqu'à Gangtok, la capitale du Sikkim, nous devons encore effectuer un long trajet dans un minibus bruyant sur des routes sinueuses et ravinées traversant des paysages qui ne sont pas sans me rappeler le Vietnam. En chemin, je fais le plein de sensations fortes... Enchâssé entre le Népal et le Bhoutan, le Sikkim est l'un des plus petits États indiens [1], mais le plus élevé, avec des pics dépassant les sept mille mètres. Nous frôlons à longueur de route des précipices vertigineux...

---

1. Le royaume féodal du Sikkim, considéré comme l'un des derniers paradis himalayens, est rattaché à l'Inde depuis 1975. Il est le vingt-deuxième État de l'Union indienne.

Nous atteignons à la nuit tombée l'hôtel où trois de mes amies de Paris investies dans la même cause sont déjà installées. Quand elles me proposent un verre d'eau chaude, je mets un certain temps à comprendre que ce n'est pas du thé. Jamais je n'aurais pensé boire... un verre d'eau chaude ! Eh bien j'ai appris et j'en ai découvert les vertus purifiantes. Avec le tchai, thé au lait aux épices mélangées, il n'y aura rien d'autre durant tout le voyage.

Surprise désagréable, l'hôtel n'est pas chauffé. Or en plein mois de janvier le Sikkim n'offre franchement pas des températures qui donnent envie de se mettre en tee-shirt. Véronica et moi avons prévu des duvets, prêtes à affronter n'importe quelle expédition soudaine, mais Sophie, Odile et Christine n'ont que leurs yeux écarquillés pour communiquer leur angoisse. Nous leur faisons aussitôt don de nos couettes et de quelques chaufferettes afin de leur rendre la nuit plus supportable. Tout n'est pas comme prévu, mais nous sommes là et c'est la seule chose qui compte.

J'ai beaucoup voyagé dans ma vie mais toujours dans d'excellentes conditions, choyée et protégée par les différentes productions. Ce voyage-là n'a rien à voir avec ce genre de confort. En quelques heures, je fais la connaissance du sac de couchage et de la valse de la chenille à laquelle le froid nous oblige pour ne pas quitter la douce chaleur de nos duvets. Nous avons tassé nos vêtements du lendemain au fond de nos sacs pour les garder au chaud. Une grosse bougie bleue trône entre nos deux lits, ma lampe frontale est à portée de main. Les batteries reposent sur leurs chargeurs respectifs. Véronica a le sommeil un peu bruyant, et moi je l'ai léger... Le jour ne la dérange pas, la première lueur me réveille. Recours aux grands moyens : boules Quiès et masque ! Tout cela est sexy en diable...

Au petit matin, le séchoir à cheveux fait office de chauffage. Le temps d'une mini-toilette à la lingette avant de sauter dans nos tenues de combat, et nous voilà prêtes pour le grand saut. De la fenêtre, nous voyons le soleil se lever sur la montagne. Gangtok se libère doucement de la brume de la vallée, entourée de ses drapeaux multicolores. Ce paysage est d'une beauté saisissante dans le silence de l'aube où résonne le seul cri d'un corbeau...

*
**

Sogyal Rinpoché nous attend chez lui. Je le découvre dans son quotidien, entouré de sa famille et de quelques élèves qui l'assistent et voyagent avec lui. C'est très différent du contexte parisien. Un peu déstabilisant, pour tout dire... Pourtant le maître se montre d'une totale disponibilité, nous ouvrant les portes de sa maison. Aujourd'hui nous devons rencontrer Khandro, sa tante. J'en ai entendu parler en de tels termes que je me réjouis au-delà des mots de faire sa connaissance.

Khandro est la plus éminente dakini du monde bouddhiste. Elle a été pendant dix ans la compagne spirituelle d'un des plus grands maîtres de tous les temps : Jamyang Khyentsé Tchökyi Lödrö, le maître et le père spirituel de Sogyal Rinpoché. Elle porte en elle la bénédiction de cet être exceptionnel, ainsi que ses enseignements. Nous la retrouvons dans le temple où elle vit en prières depuis quarante ans. Dans son livre, Sogyal Rinpoché a dit d'elle : « C'est dans les êtres humbles comme elle que la vérité est réellement vivante. Si elle devait enseigner en Occident, elle serait un être parfait de la plus grande noblesse, incarnant dans une plénitude mystérieuse l'amour et la sagesse apaisante de Tara, la compassion éveillée sous sa forme féminine. Si j'étais sur le point de mourir, et que Khandro soit à mes côtés, je me sentirais plus rassuré et plus serein que si tout autre maître se trouvait près de moi. »

En l'observant, je comprends cet éloge. Khandro est un être rare, d'une totale humilité. À une époque où les gens ne savent pas quoi inventer pour mettre leurs qualités en avant, elle fait tout ce qu'elle peut pour cacher les siennes. Elle parle très peu. Elle fait partie de ces êtres construits qui dégagent dans leur silence, dans leur regard, leur sourire, l'amour et le détachement absolus. Le silence est une façon d'être, et aussi un enseignement très subtil. J'ai eu le bonheur de partager quelques repas avec Khandro durant ce séjour. Chose étrange, je ne l'ai jamais vue sortir de table... Elle s'est toujours faufilée dans un espace-temps où elle s'éclipsait sans bruit, échappant à toute vigilance.

Dans son temple, depuis des décennies, elle prie pour que les êtres soient libérés de la souffrance. Tout ce qu'on lui donne elle l'offre aussitôt aux plus nécessiteux, parce qu'elle n'a besoin de rien. Elle est entièrement détachée des biens matériels. Du moment qu'elle n'a pas froid, qu'elle n'a pas faim, qu'elle a son bol de riz, ça ne l'intéresse pas d'avoir plus. Ce sens de la simplicité est une fantastique richesse intérieure.

Khandro a voyagé en Occident à trois reprises. Les pratiquantes venues l'accueillir se sont mises à pleurer dès qu'elles l'ont aperçue. Certes, elles savaient qui elle était et ce qu'elle portait en elle, mais elles étaient surtout touchées par sa présence si particulière, si empreinte de « simplicité ». Quand on l'observe, on se rend compte qu'elle est totalement en accord avec elle-même.

À présent, Khandro ne veut plus bouger. Elle a fait l'expérience des choses, elle les a découvertes et vécues et ne ressent aucun manque. La source du bonheur est en soi et non pas à l'extérieur de soi. Elle le sait, elle le vit.

Cette femme hors du commun, si pure, est l'objet d'un immense respect. À l'image de celui que l'on témoignait à Jamyang Khyentsé Tchökyi Lödrö et que l'on voue encore et toujours aux reliques de celui-ci. Chez les êtres hautement réalisés comme elle, prier est une forme d'action qui contribue à la transformation du monde et des hommes. La base de la prière bouddhiste, dans le courant Mahayana[1], est le désir de par-

---

1. Le bouddhisme se scinde en trois courants principaux : le Theravada (ou Hinayana, ou « Petit Véhicule »), le Mahayana, le « Grand Véhicule », et le Vajrayana, ou Véhicule de diamant. Le premier voit la quête du nirvana comme une démarche individuelle, les bouddhas ne faisant qu'indiquer la voie à suivre. Dans le Mahayana, le sort de chaque individu est indissociable de celui de tous les autres. Ce courant a pour caractéristiques principales la conscience profonde de la vacuité du soi et de toutes choses, associée à la compassion universelle et au désir de libérer les autres de la souffrance et de ses causes.

venir à l'illumination pour le bien de tous les vivants. Les êtres qui y arrivent s'engagent à se réincarner dans le but d'aider les autres.

*
**

Ce soir nous sommes conviées à dormir chez notre « guide » afin d'être plus proches du lieu où nous souhaitons faire la première interview. Il fait aussi froid qu'à l'hôtel et les fenêtres restent ouvertes toute la journée. Il n'y a pas moyen de se réchauffer. Je déteste le froid. Heureusement, nous avons récupéré nos indispensables duvets...

Un veau s'est égaré dans le jardin, et toute la nuit un chien hystérique essaie de l'en faire sortir. Cela n'empêche pas Véronica de dormir. Moi je ne ferme pas l'œil. Quand, à cinq heures du matin, quelqu'un gratte à la porte pour demander où nous en sommes, je n'ai que le temps de sauter hors de mon nid douillet comme un diable de sa boîte. Sogyal Rinpoché est déjà fin prêt. Il nous attend...

Ce qui devait n'être qu'un repérage nous plonge tout de suite dans le vif du sujet. C'est la première fois de ma vie que je fais une interview. Les conditions sont idéales : il fait un froid de gueux, j'ai la tête dans le seau et je n'ai pas eu le temps de préparer quoi que ce soit...

Le maître nous emmène sur un de ses sites préférés, face à une montagne majestueuse, brodée de l'or du soleil levant : Kanchenjunga, le troisième plus haut sommet au monde (8 586 m), dont il nous explique l'histoire. Son nom signifie « la grande montagne des cinq trésors ». Selon la légende, un esprit protecteur aurait enfoui en son sein « les cinq trésors de la haute neige », c'est-à-dire l'or, l'argent, le sel, les livres saints et les remèdes, et il étendrait sa protection aux enseignements comme aux habitants du Sikkim. Une prophétie parlait de ce lieu comme d'un futur refuge pour les pratiquants. C'est pour cela que, en 1950, quand les Chinois ont commencé à investir le Tibet, beaucoup de grands lamas sont partis au Sikkim.

Sogyal Rinpoché avait huit ans lorsqu'il y est arrivé après avoir a fui le Tibet. C'est là qu'il a grandi avant de se rendre en Occident. Il est venu ici avec son maître (Jamyang Khyentsé Tchökyi Lödrö), ses parents, son frère, sa tante Khandro et d'autres disciples de son maître. Celui-ci avait une renommée telle, en effet, que beaucoup de lamas l'ont suivi dans cet exil. C'était juste un an avant que les Chinois n'envahissent ouvertement le Tibet. De ce fait, beaucoup de textes secrets ont été protégés, et c'est grâce à cela que les enseignements ont pu continuer.

Il est extrêmement émouvant pour moi d'entendre pour la première fois Sogyal Rinpoché évoquer son maître et plonger dans son passé. « Il était à la fois mon père spirituel et mon héros. C'était quelqu'un que j'adorais. Tout ce que je sais aujourd'hui des enseignements vient de cette graine qu'il a plantée en moi... L'environnement où vous grandissez est comme une deuxième naissance. Mon maître était ma deuxième naissance et ma mémoire. Et aujourd'hui, chaque fois que j'enseigne, il est là. Sans lui aucune de mes pratiques, aucun de mes enseignements n'aurait de sens. C'est lui qui les fait exister. Il était l'incarnation de la connaissance. Toutes lignées confondues, il était le plus reconnu, le plus incroyable. Aujourd'hui beaucoup de ceux qui assurent les transmissions des enseignements ont été ses élèves. »

Je tremble. Je ne sais pas si c'est de froid ou d'émotion... Ni Véronica ni moi n'osons lui braquer la lumière de la torche dans les yeux pour cette première interview filmée.

Au bout d'une heure, nous prenons la route du retour au milieu des milliers de drapeaux de prières multicolores tendus au-dessus de nos têtes. Sur la colline battent au vent par centaines leurs grands frères tout en blanc, comme autant de prières pour la paix et la cessation des souffrances de tous les êtres.

Cette « grande première » se solde par un torrent de larmes dû à un trop-plein d'émotions, accompagné d'un réel sentiment d'être « passée à côté », de ne pas avoir été au bout des choses, bref d'avoir été nulle. Véronica m'apporte un grand secours psychologique en me redonnant confiance. J'ai rarement rencontré une telle force, une telle confiance en soi. Rien ne semble pouvoir l'atteindre. Rien n'est problème. Elle m'apprend d'ailleurs la technique de « la plume de canard » : quand je me laisse atteindre par des soucis sans grande importance, elle m'explique que je dois les laisser glisser sur moi comme sur les plumes d'un canard. Elle n'est pas bouddhiste mais sa philosophie de vie, gagnée à l'expérience des rencontres et des voyages, est la même (beaucoup de gens sont bouddhistes sans le savoir !), et ses conseils se révèlent souvent salutaires. Y compris celui de prendre des antibiotiques quand une toux commence à s'installer. Il ne fait pas bon laisser traîner le moindre problème pulmonaire dans ces pays lointains.

*
**

Le lendemain nous nous réveillons à nouveau dans la petite maison de Sogyal Rinpoché, accrochée à la montagne tel un nid d'aigle. Celui-ci domine toute la vallée. Le maître montre de sa main le paysage en face de nous. À cinquante kilomètres à vol d'oiseau se trouve le Tibet. J'en ai la chair de poule. La nature est omniprésente : à perte de vue des arbres, de la brume, la montagne et le ciel. Sogyal Rinpoché nous accorde une longue interview où, pour la première fois, il parle de la nature. Ses mots prennent ici toute leur force.

« Méditer dans un environnement naturel permet de pratiquer plus facilement. La nature est une source d'inspiration inépuisable. Elle donne une sensation d'aisance et d'espace, de majesté et de dignité. Tout cela entre en résonance avec ce qu'il y a de plus profond en nous. L'esprit est ainsi fait qu'il cherche toujours à saisir, mais dans l'espace il n'y a rien à saisir. On ne peut que lâcher prise, juste se détendre et goûter l'instant. Quand nous sommes à l'aise avec nous-mêmes, que rien ne nous contraint, ne nous limite, que les yeux se posent sur l'horizon, nous éprouvons un sentiment de liberté et une sensation de relaxation profonde. »

Quand j'aborde la question des enseignements, voici ce qu'il en dit : « Le chemin commence par la sagesse d'écouter et d'entendre, celle de regarder et de réfléchir ensuite, puis de méditer avant de passer à la mise en pratique. Lorsque les enseignements commencent à résonner en nous, que nous les entendons vraiment, nous comprenons la vérité qu'ils contiennent. Au fur et à mesure qu'on les intègre, on les applique en s'efforçant de vivre d'une façon consciente et juste. Pratique ne signifie pas forcément prière et rituels, c'est d'abord un travail sur la bonté et sur la conscience.

» L'entraînement pratique qu'est le chemin du Dzogchen est décrit en termes de *vue, méditation* et *action*. La *vue* consiste à percevoir directement la base de notre être, la *méditation* est le moyen de stabiliser cette vue, et l'*action* est l'intégration de la vue dans notre vie et notre quotidien.

» La pratique permet avant tout de rassembler l'esprit. La méditation est primordiale dans le chemin à parcourir. La vue joue un rôle important dans les enseignements. Basiquement, la vue c'est la compréhension. Et quand on en parle de façon plus approfondie, c'est la perception de la vérité. Or la vue – le discernement – vient avec l'habitude de méditer. De cet apaisement total naît une sorte de lumière. L'esprit commence à voir les choses différemment. La vue est un aperçu de notre nature, comme de la véritable nature des choses. On va donc essayer de se relaxer, laisser son esprit se détendre sans se rattacher à quoi que ce soit. C'est le point de départ... Petit à petit, à force de s'exercer, on commence à prendre du recul, à aborder les choses autrement, un peu comme si l'on distinguait maintenant des détails qui vous échappaient jusqu'alors. On se sent bien plus en paix, et l'on éprouve un sentiment nouveau de liberté. Si l'on garde l'habitude de pratiquer le matin de bonne heure avant de partir travailler, on se retrouve dans un état d'esprit différent. Les bruits ne nous atteignent plus de la même façon. Ils ne nous troublent plus, et si nous sommes en paix, nous pouvons même y trouver une source d'inspiration. Il est donc utile de commencer la journée en méditant et de la poursuivre en rechargeant un petit peu ses batteries en cours de route, parce qu'au fil des heures et des événements de la journée on se laisse entamer. »

Je ne pouvais rêver de meilleur résumé. Pour conclure Sogyal Rinpoché dira simplement : « L'enseignement de Bouddha est très vaste, mais trois lignes en sont l'essence :

» *Commit not a single bad action* (ne pas commettre la moindre mauvaise action). Abandonner toutes les négativités et les mauvaises paroles. Elles sont la cause de souffrances pour nous et pour le monde.

» *Cultivate a world of virtue* (cultiver un monde de vertu). Adopter tous les états positifs, les actions et les paroles qui sont bonnes pour nous et pour le monde.

» *Tame this mind of ours* (apprivoiser cet esprit qui est le nôtre). Ce dernier point est le plus important, car il recèle la clé du bonheur et de la souffrance. Nous sommes ce que nous pensons. Tout existe par nos pensées. Avec nos pensées nous faisons le monde. Parlez avec un cœur pur, vous générerez le bonheur. Parlez ou agissez avec un esprit perverti, et le malheur s'ensuivra. »

*
**

Nous comptions rester seulement dix jours au Sikkim, mais Sogyal Rinpoché nous suggère de le suivre à Bodh-Gaya, pour assister à une initiation dispensée par le dalaï-lama en personne, ainsi qu'à un grand festival de prières : le *munlam nyingmapa*[1]. Cet événement considérable fait accourir les fidèles et les moines de tous les pays himalayens. On y rencontre les plus grands lamas. C'est un mélange d'enseignements et de ferveur assez étonnant.

Le munlam doit durer huit jours. Il a pour thème la paix dans le monde, laquelle est devenue la préoccupation principale de tout le monde bouddhiste.

Bodh-Gaya est un des plus grands lieux de pèlerinage bouddhique car c'est là que Bouddha a vécu l'illumination. Sur les lieux mêmes où ce fils de roi qui a tout abandonné pour se consacrer à la spiritualité a connu l'Éveil, on a bâti un temple. Ce site dégage une énergie spirituelle étonnante. On la ressent, que l'on soit bouddhiste ou non. Je suis heureuse de ces imprévus grandioses. Je sens mon sujet prendre corps. Les dakinis sont avec nous...

---

1. Nyingmapa : le courant le plus ancien du bouddhisme tibétain, introduit au VIIIᵉ siècle (signifie « ancien » en tibétain).

Encore faut-il s'habituer au manque de confort. Véronica est aguerrie, moi nettement moins mais j'apprends vite par instinct de survie.

À Bodh-Gaya, la première chambre où nous étions censées dormir donnait sur un mur avec un égout à ciel ouvert juste sous la fenêtre. Des effluves insupportables montaient jusqu'à nous. Bien que déterminée à accepter beaucoup de choses, j'ai quand même essayé de changer de chambre... La seconde est nettement moins sinistre et moins odorante, mais tous les moustiques de la ville semblent s'y être donné rendez-vous.

Au fur et à mesure que les jours passent, les odeurs deviennent de plus en plus désagréables. Bodh-Gaya est une petite bourgade à la capacité d'accueil limitée, or l'initiation de *kalachakra*[1] donnée par le dalaï-lama a attiré deux cent mille personnes, toutes ethnies confondues. Les fidèles campent sur place dans des conditions sanitaires déplorables. Le nombre et la promiscuité rendent le maintien d'un minimum d'hygiène difficile voire impossible.

Nous allons avec Sogyal Rinpoché filmer les moines dans le temple. Il y a là tous les plus grands lamas nyingmapas, réunis afin de prier pour la paix dans le monde. Tout l'espace résonne des prières et des mantras.

---

1. Initiation particulière, toujours donnée à une vaste assemblée, pour la paix dans le monde.

L'entrée du temple se révèle difficile. Une masse de fidèles est agglutinée devant la porte afin d'apercevoir les maîtres, et de pouvoir atteindre l'intérieur du lieu saint encore imprégné de leurs bénédictions. Le contraste avec le silence et la paix supposés de cet endroit retiré du monde est saisissant. Sur place, les haut-parleurs diffusent à pleine puissance les prières. En fait, c'est un univers extrêmement bruyant. Mais très vite nous n'y prêtons plus attention. Nous sommes concentrées sur notre sujet. L'environnement sonore forme une sorte de litanie en toile de fond cadrant avec les images. Les mendiants et les lépreux, venus en nombre eux aussi, se traînent sur le sol en tendant leur coupelle. Ils savent que les fidèles sont ici pour accomplir de bonnes actions qui leur seront comptées dans cette vie, ou dans une vie future...

Sogyal Rinpoché nous emmène à la rencontre des maîtres et leur explique la raison de ma présence en ces lieux, et le sens de mon engagement. N'étant pas préparée à la situation, je n'ai évidemment pas avec moi la *khata*[1] de circonstance. Le maître Trulshik Rinpoché en attrape une à côté de lui, qu'il me passe autour du cou avant de me donner sa bénédiction. Quand je relève la tête (ce qui ne se fait normalement pas), je rencontre un sourire et un regard emplis d'une bonté bouleversante qui restera gravée dans mes souvenirs.

Les lamas bénissent les objets qu'on leur tend en

---

1. Khata : écharpe blanche, symbole de pureté, que l'on offre aux divinités ou aux pèlerins en marque de respect et de dévotion, ou simplement en signe de bienvenue.

soufflant dessus, ce qui provoque un défilé incessant de fidèles brandissant tout un tas d'objets plus ou moins hétéroclites. Prise d'une inspiration soudaine, Véronica les invite d'un signe – et pourquoi pas ? – à souffler aussi sur notre caméra. Intrigués, ils se regardent d'abord sans comprendre. Puis l'un d'eux se décide à souffler, en jetant néanmoins un coup d'œil interrogateur sur les autres lamas. Ayant compris notre requête insolite, ils soufflent alors chacun à son tour en éclatant d'un grand rire communicatif. Cette gaieté, cette spontanéité sont extraordinaires. Nous côtoyons les plus grands maîtres, et ils s'amusent avec nous comme des enfants ! De temps en temps je retourne l'écran de la caméra, afin qu'ils puissent se voir, ce qui les amuse manifestement beaucoup.

Pour accomplir notre travail, nous devons bouger sans cesse, nous déplacer en les contournant et, sans le vouloir, enfreindre toutes les lois, tous les rituels propres à ces cérémonies. Nous ne faisons pourtant jamais l'objet de la moindre réprobation, ni même d'un mouvement d'impatience. Seulement des sourires et des rires complices. Ils savent que nous sommes là avec notre cœur, et que les erreurs que nous pouvons commettre relèvent de la maladresse mais jamais d'un manque de respect.

Vu nos horaires et le rythme infernal du tournage, au bout de cinq jours nous sommes exténuées. Nous nous levons à l'aube et filmons jusqu'au dernier moment pour rapporter un maximum d'images. Mal-

heureusement, comme toujours dans les rassemblements importants, il y a des débordements.

Tous les gens présents sont supposés être en prière
ou en méditation, mais dès qu'un maître passe il se
produit un mouvement de foule irrépressible dans sa
direction. Il faut que les fidèles s'approchent le plus
près possible de lui pour tenter de recevoir un peu de
sa sagesse ou la grâce d'une bénédiction particulière.
En quelques secondes, la cohue devient indescriptible.
Nous sommes projetées contre les piliers, la caméra
passe dans les mains d'un moine et entre dans le temple
sans moi, Véronica se trouve quelque part engloutie
dans la marée humaine, je ne vois plus notre « guide »
et je me rends compte que l'odeur de grillé qui agresse
mes narines n'est autre que celle de ma polaire en train
de se consumer sur une bougie. Je craque !

J'en ai marre des pieds nus, assez de la boue, assez
de la saleté, assez du bruit. j'en ai soudain marre de
tout. Aussi lorsque Sogyal Rinpoché s'approche pour
me dire que c'est maintenant que nous allons faire
l'interview sous l'arbre de la Bodhi [1], j'éclate en san-
glots. Malgré tout l'intérêt, la beauté et la magie de ce
que nous venons de vivre, ces dernières journées ont
été trop éprouvantes. Surtout pour moi, qui me sens
vite oppressée par la foule... Seule ma motivation m'a
permis de tenir le coup, noyée en permanence au milieu
de ces milliers de personnes. Si la démonstration que

---

1. Arbre légendaire sous lequel le prince Siddharta a atteint l'éveil
voici plus de deux mille cinq cents ans. Sur le site se dresse
aujourd'hui l'« arrière-petit-fils » de l'arbre originel.

l'esprit porte le corps était à faire, elle serait là parfaitement illustrée.

Le dalaï-lama vient d'annoncer que, pour des raisons de santé, il ne donnera pas l'initiation de kalachakra. Du coup nous anticipons tous notre départ. Dès le lendemain nous quittons Bodh-Gaya. Tout le monde est malade. Nous avons attrapé une des terribles infections pulmonaires qui sévissent là-bas et qui se propagent en un rien de temps à la faveur de ces immenses rassemblements. Je suis la moins atteinte parce que déjà sous traitement antibiotique depuis le Sikkim. Véronica, qui a pourtant une constitution d'acier, restera malade comme un chien pendant plus de quatre semaines. Quant à Sogyal Rinpoché, qui enchaîne sur un voyage d'enseignements en Australie, il lui faudra plus de deux mois pour se remettre. C'est dire la virulence de ces attaques et souligner l'importance du problème de l'hygiène dans ces contrées où les épidémies font des ravages.

*
**

Nous laissons donc mon maître pour rejoindre Delhi, la capitale de l'Inde aux treize millions d'habitants. En moins de deux heures, nous changeons d'univers. Le luxe et le raffinement de l'hôtel où nous débarquons sont dignes d'un palais de maharajah et nous, nous rentrons dans ce palace avec nos chaussures de montagne, nos survêtements, nos doudounes et nos sacs à dos ! Notre apparition est si surprenante qu'à l'accueil on nous demande d'abord si nous ne nous sommes pas trompées d'établissement. Je dois faire état de mes réservations avant de voir mon interlocuteur commencer à se rassurer. Malgré la fatigue, je trouve la situation assez comique. Il est vrai que notre aspect détonne dans ce hall immense au décor somptueux, avec ses fontaines remplies de pétales de rose et un chasseur en turban bordeaux et tenue blanche sorti directement d'un conte des *Mille et Une Nuits*. Après ce que nous venons de connaître pendant trois semaines et même si nous apprécions au plus haut point ce luxe soudain, nous mettons un certain temps à prendre nos aises, tant le décalage est brutal. Il faut dire que, dans ces pays, les hôtels haut de gamme rivalisent de magnificence.

Deux heures après notre installation, un bon bain et un moment de détente, je décide d'appeler ma mère afin de la rassurer. Elle parle, elle parle...

– Est-ce qu'au moins tu as vu le Taj Mahal ?

– Non.

– Tu ne peux pas repartir sans l'avoir vu !

– Maman, je t'assure que j'ai autre chose en tête, je ne suis pas venue ici pour faire du tourisme.

– C'est quand même dommage de quitter l'Inde sans aller admirer cette merveille...

Je me dis qu'après tout elle a peut-être raison et vais me renseigner auprès du portier de l'hôtel. Une dame entend mes questions et me propose très gentiment de nous emmener.

— C'est à côté de mon bureau, ce n'est pas un problème.

À ses mots je comprends que nous nageons en plein quiproquo... En fait, mon interlocutrice me parle de l'hôtel du même nom ! Le temple, lui, se trouve à plus de quatre heures de route... Un fou rire inextinguible s'empare de Véronica, dans lequel je m'engouffre à la seconde.

Finalement, les quatre heures et demie de voiture que l'on m'a annoncées ont raison de mon envie, somme toute assez relative, d'une escapade touristique. Tant pis pour ma culture ! Je renonce sans état d'âme au Taj Mahal. Je me contenterai d'un shopping local suivi d'un plongeon purificateur dans la piscine de l'hôtel. Petit dîner en tête à tête avec Véronica dans le calme et le luxe raffiné du restaurant indien de l'établissement, une nuit confortable bien méritée, puis nous reprenons l'avion pour Paris le lendemain matin.

– X –

SAGESSE ET ACTION AU FÉMININ

Deux mois plus tard, en mars 2001, nous voilà de nouveau à Delhi. Je retrouve le bruit caractéristique des grandes métropoles orientales, avec leurs concerts de klaxons, mais aussi la gentillesse des habitants. Quand on arrive d'Europe où chacun vit dans sa bulle, on est frappé par les sourires que l'on échange ici, spontanément, dans la rue.

Nous n'avons plus Sogyal Rinpoché pour nous accompagner dans cette deuxième expédition, mais il a enregistré une cassette destinée à nous servir d'introduction auprès des différentes personnes que nous devons rencontrer.

La première est Jetsun Pema, la sœur du dalaï-lama. Elle vit à Dharamsala (Inde), siège du gouvernement tibétain en exil...

Il faut une heure et demie de petit avion et deux bonnes heures de routes locales pour s'y rendre. Nous sommes pressées par le temps car nous sommes attendues à Katmandou dans trois jours pour une autre interview. Il va falloir se débrouiller pour concilier les disponibilités de chacun.

Dès notre arrivée, à la nuit tombée, je sonne avec insistance à la porte de Jetsun Pema. Au bout d'un moment elle finit par ouvrir, visiblement contrariée d'être dérangée à cette heure-là.

Je lui présente mes excuses en anglais, pour l'heure tardive et pour ne pas l'avoir prévenue de notre visite. Je la prie néanmoins de bien vouloir prendre deux minutes pour écouter le message enregistré à son intention par Sogyal Rinpoché... Elle se radoucit en l'entendant et nous donne rendez-vous le lendemain matin au TCV (*Tibetan Children's Village*), le village d'enfants tibétains dont elle a repris la charge après sa sœur.

*
**

En arrivant au TCV, nous sommes accueillies par Lobsang Somo, la jeune assistante de Jetsun Pema, et Ama Adhe, une femme exceptionnelle qui a passé vingt-sept ans dans les prisons chinoises.

Ama Adhe doit avoir aujourd'hui près de soixante-quinze ans. Elle fait partie de ces Tibétaines que les Chinois ont incarcérées et torturées pendant plus d'un quart de siècle. Leur crime ? Refuser de renier leur foi. Elles étaient trois cents le jour de leur arrestation, quatre seulement ont survécu. Entre autres supplices, leurs tortionnaires obligeaient les prisonnières entravées et immobilisées à respirer la fumée des feux qu'ils alimentaient en faisant brûler des piments forts... Sur les bras de cette femme martyrisée, les cordes ont creusé à jamais leurs sillons visibles dans les muscles. Une fois libre, elle s'est empressée de rejoindre le dalaï-lama afin de témoigner de ce que ses compatriotes enduraient dans les prisons de Lhassa. À toutes ses compagnes d'infortune et à tous ses proches disparus, elle a fait une promesse solennelle : jamais leur existence ni leur sacrifice ne tomberaient dans l'oubli. Voilà le dernier objectif de son existence. Afin que les souffrances du peuple tibétain ne puissent jamais être ramenées à un simple élément d'un processus plus vaste baptisé Progrès.

Élevée par son père dans la ferveur spirituelle, elle dit avoir survécu en priant Dolma, ou Tara, la divinité féminine primordiale du bouddhisme, non pas pour son propre salut, mais pour la longue vie du dalaï-lama.

Ama Adhe aimerait retourner voir sa fille au Tibet mais elle ne le fait pas pour ne pas la mettre en danger. Car cette vieille dame demeure une hors-la-loi aux yeux de l'administration chinoise. Parce qu'elle n'a jamais courbé l'échine. Quand je lui demande quelle est sa plus grande peur aujourd'hui, elle répond calmement : « Revivre dans mes cauchemars ces années de prison. »

C'est la première fois, de toute évidence, que Lobsang Somo entend le témoignage de cette femme qui semble être une force de la nature. La jeune assistante de Jetsun Pema est bouleversée par le récit des souffrances infligées à ses aînées, et en même temps en proie à la nostalgie d'un pays – le sien – qu'elle ne connaît pas.

— Nous, ici, nous sommes nés en Inde. Nous entendons parler du Tibet, mais nous ne savons pas à quoi il ressemble, ni comment il était « avant ».

Pour cette génération, le découragement se mêle à l'espoir de retrouver un jour le Tibet libre.

— Le travail que je peux accomplir à mon âge est de tout faire pour être une bonne personne, mais ce sera la génération suivante qui tiendra l'avenir du Tibet entre ses mains.

S'il est important de maintenir ses traditions et d'être attaché à ses racines, Lobsang Somo reconnaît la valeur d'une approche occidentale dans un monde qui bouge.

— Je prends exemple sur ma fille, m'explique-t-elle. Elle est déjà forte et déterminée, cela se sent. Heureusement, elle sera bien supérieure à ce que je peux être aujourd'hui. Moi, j'ai trente-deux ans, je suis à cheval sur les deux générations. Ce n'est plus pour moi. Chaque fois que j'entends les histoires de nos anciens, j'éprouve un cruel sentiment d'injustice. Pourquoi eux ? C'est comme une brûlure à l'intérieur de moi. Je n'éprouve pas de haine à l'égard des Chinois, je hais seulement la manière inacceptable avec laquelle certains membres du gouvernement ont pu nous traiter. Nous savons que les Chinois souffrent aussi dans leur propre pays et qu'ils sont victimes de la police d'État. Les témoignages de nos aînés nous rendent quelque part plus forts. Il est très difficile de ne pas avoir de pays. C'est dans la volonté de le retrouver que nous puisons notre force. Nous comptions sur la pression des gouvernements des autres nations pour faire entendre raison à la Chine. En vain. Si j'avais leurs représentants devant moi je leur dirais : « S'il vous plaît, osez faire face à la Chine. Osez faire respecter la vérité et la justice ! » Ce n'est pas qu'ils ne veulent pas. Ils n'osent pas...

Dans ce village arrivent chaque jour des enfants qui ont fui le Tibet afin de pouvoir être éduqués selon leur culture. On leur enseigne ici trois langues : l'anglais, l'hindi et le tibétain. Il y a aujourd'hui, rien qu'à Dharamsala, deux mille six cents enfants. Cinq autres TCV ont été créés en Inde, et nombre d'écoles. Beaucoup de pays européens envoient aujourd'hui de l'argent au gouvernement indien pour aider la cause tibétaine. On a pris conscience de la nécessité de sauvegarder la culture tibétaine parce qu'elle fait partie de l'héritage de l'humanité.

Après avoir fait ses études aux États-Unis, Jetsun Pema est revenue à Dharamsala dans le but d'aider son peuple. Imprégnée d'une double culture, elle imprime à ce lieu les notions d'hygiène et l'intérêt culturel ramené de l'Occident. Son interview est tellement instructive et intelligente que je trouve important d'en rapporter telle quelle une grande partie dans ce chapitre.

« Il y a maintenant plus de cinquante ans que notre pays est occupé par la Chine, et malheureusement les Chinois n'ont aucune connaissance de notre culture, aucune considération pour notre peuple. Pour les communistes de Mao Tsé-toung, la religion était un poison de l'esprit dont il fallait se débarrasser. Lorsque je suis allée au Tibet avec une délégation, en 1980, il ne restait que treize ou quatorze monastères sur les quelque mille cinq cents qui existaient naguère. J'ai vu une colline recouverte de fleurs où jadis s'élevait un temple abritant douze mille moines. Plus aucune pierre ne subsistait, on ne voyait même plus l'emplacement du temple.

» Les monastères et les couvents étaient des institutions scolaires, des lieux d'enseignement. Désormais, où les gens allaient-ils pouvoir apprendre et être éduqués ? Où étaient les maîtres ? Seules demeuraient de très rares écoles réservées aux Chinois, ou aux Tibétains collaborant avec le régime de Pékin.

» Au cours de ce voyage, je pense avoir pleuré du premier jour jusqu'au dernier. Les gens sont venus vers nous par milliers, ils avaient faim, leurs vêtements étaient en loques. Il n'y avait pas une famille qui n'ait perdu un ou plusieurs des siens dans les camps. C'était insupportable. J'ai tellement pleuré en découvrant cette situation qu'aujourd'hui mes larmes sont taries. Mais ce souvenir ne m'a jamais quittée. Il ne fait que renforcer la conviction que nous avons de l'importance du travail du gouvernement en exil et de ce que nous accomplissons ici au TCV, spécialement sur le plan de l'éducation, en formant les futures générations du Tibet. Il nous appartient de garder intacte notre culture pour la ramener un jour dans notre pays.

» Nous vivons avec l'espoir permanent de retrouver notre terre. Sa Sainteté voyage à travers le monde entier pour attirer l'attention sur notre cause. L'espoir de regagner un jour le Tibet nous permet d'avancer.

» "L'avenir du Tibet ne se construit pas aujourd'hui dans les temples", a dit le dalaï-lama. Il a demandé qu'on bâtisse plutôt des écoles et des hôpitaux. Bien sûr il faut donner aux moines les moyens d'étudier le dharma, leur procurer un logement, de meilleures conditions de vie, mais ériger des temples n'est pas le plus urgent. Les murs ne s'emportent pas, mais la connaissance oui. Il n'y a qu'à voir ce qui est arrivé avec les Chinois : au Tibet, nous avions des centaines de monastères, or en deux ans la plupart d'entre eux ont été détruits. Il est préférable de se concentrer sur les enseignements et la façon de les intégrer le mieux possible. C'est dans ce sens que parle le dalaï-lama. Et puis construire est aussi une façon insidieuse de perdre de vue l'état transitoire du "séjour" en Inde. À trop s'installer, on finirait par faire oublier aux jeunes générations que le but de ce peuple est de retourner au Tibet.

» Au TCV, les enfants reçoivent une éducation moderne, mais en même temps profondément enracinée dans leur culture. Malgré leur condition d'exilés, en grandissant ils doivent se sentir fiers d'être tibétains. Je pense toujours qu'il faut qu'il y ait une voix pour ceux qui ne peuvent pas parler. C'est une responsabilité pour nous, qui avons la chance d'être libres, envers ceux qui souffrent, au Tibet, de l'occupation chinoise. C'est cette conscience-là qu'ont nos enfants, c'est pour cela qu'ils travaillent dur. Sa Sainteté leur dit toujours : "Étudiez autant que vous pouvez, allez aussi loin que vous en êtes capables, l'important est que vous soyez un bon être humain." »

Le TCV est le seul endroit de l'Inde où j'ai vu des poubelles car ici, on a un profond respect de l'environnement et, depuis déjà une quinzaine d'années, les déchets sont triés et recyclés comme on commence à le faire en France.

« Les enfants ont tout de suite pris cette habitude, m'explique Jetsun Pema, et ce sont eux qui la feront entrer dans les mœurs de notre communauté. Au Tibet, nous n'avions évidemment pas de sacs en plastique, et nous pratiquions plutôt la réutilisation, le recyclage des choses. Sa Sainteté a toujours mis en avant le fait qu'il fallait se sentir responsable de l'état de la Terre. La responsabilité universelle passe par le respect de la planète. Il faut que nos enfants soient conscients de cela, qu'ils apprennent à ne jamais trahir cette Terre. Nous nous efforçons de n'utiliser que ce dont nous avons besoin et de respecter toute forme de vie. Depuis qu'ils sont au Tibet, c'est-à-dire depuis un demi-siècle, les Chinois ont vraiment détruit l'environnement. À la suite des inondations du Bangladesh, le gouvernement de Pékin a reconnu l'erreur qu'il a commise en coupant les arbres "dans le nord du pays". Qu'est-ce que ce Nord sinon le Tibet ? Dans certaines régions, on voit aujourd'hui des animaux qui naissent malformés, des enfants aussi... Pourquoi ? À cause des dépôts de déchets nucléaires qui empoisonnent les rivières. Et le danger ne concerne pas seulement le Tibet ! Les Indiens et les Chinois, qui représentent quarante-sept pour cent de la population de la planète, sont eux aussi touchés par la pollution de cette eau, qui traverse aussi leur pays. C'est une catastrophe écologique. C'est de tout cela qu'il faut être conscient. Quand les hommes comprendront-ils que l'on n'insulte pas impunément la nature ? »

Si les jeunes fuient le Tibet aujourd'hui, c'est en grande partie pour pouvoir s'instruire. Ils savent que l'éducation est une clé essentielle de la liberté. Malheureusement, dans cette région, s'instruire est beaucoup plus facile pour les enfants dont les parents travaillent pour les Chinois. Pour les autres, il faut payer au moins trois cents dollars de droit d'entrée et régler ensuite chaque mois des frais de scolarité. Les Tibétains ne peuvent pas se le permettre. Mais il n'y a pas que le problème financier...

« Chaque année nous voyons débarquer ici cinq ou six cents enfants entre six et quinze ans, parce que leurs parents savent très bien que s'ils envoient leurs enfants à l'école chez eux, au Tibet, ils deviendront plus chinois que tibétains, m'explique Jetsun Pema. Ici nous les élevons selon la culture tibétaine, en préservant leur identité. Les parents sont heureux de savoir leurs enfants près de Sa Sainteté. Entre les plus défavorisés et les jeunes rejoignant les monastères, trois mille personnes arrivent chaque année du Tibet. C'est une charge très lourde pour le gouvernement en exil, qui doit s'en occuper. Quelques jeunes regagnent le Tibet après deux ou trois ans. Beaucoup de moines, eux, désirent rejoindre leurs monastères pour aider les autres moines tibétains. Malheureusement, à leur retour, ils se retrouvent derrière les barreaux, questionnés, enfermés pendant plusieurs mois. À leur sortie de prison, ils sont placés sous surveillance pendant un ou deux ans. Les autorités veulent savoir ce qu'ils font, qui ils rencontrent... Ces malheureux vivent en permanence avec la peur au ventre. Dans ce pays, on ne sait jamais ce qui peut se passer.

» Les Chinois procèdent ainsi parce qu'ils ont besoin du Tibet. Notre pays est connu pour être le toit du monde, ce qui est important pour eux d'un point de vue militaire – ils y ont déjà installé des missiles. Et puis on y trouve aussi de l'or, de l'argent et de l'uranium. »

Quand on voit aujourd'hui des documentaires sur Lhassa, on est frappé par le changement radical qui s'y est opéré. Il semble aller à l'encontre de toute la philosophie tibétaine... Le poison de la société de consommation s'est infiltré jusque dans les pays himalayens, ajoute la sœur du dalaï-lama, mais les Tibétains ne perdent pas de vue les enseignements. Ceux-ci leur rappellent qu'il ne faut pas chercher à posséder plus que ce dont on a réellement besoin. Après, c'est une forme de gourmandise. Quand on est capable de se limiter, on se libère d'une suggestion et d'un sentiment de frustration. Si l'on continue la course en avant, on risque de devenir esclave. La plus grande libération est, je crois, la libération de soi-même.

« Les Tibétains, qui croient à la réincarnation, savent qu'après cette vie en viendra une autre. À quoi bon passer son temps à accumuler des biens que de toute façon on n'emportera pas avec soi ? Ce serait ridicule. Par contre on emportera tout ce que l'on aura fait pour le bien des autres. Les seules richesses que l'on emmène au-delà de la mort sont celles du cœur. Pas les richesses matérielles. En Occident, j'ai été frappée par la détermination des jeunes quant à leur devenir. Chez nos jeunes, ici, on peut parfois regretter un manque d'ambition. Mais, en même temps, si l'on se focalise trop sur ses ambitions, on peut se retrouver aveuglé par elles, perdre l'essentiel de vue. Là réside le danger.

» Tout est une question de juste milieu, comme toujours, spécialement dans ce XXIᵉ siècle où notre monde est totalement interdépendant. La force des médias, Internet qui abolit les distances, et l'Europe d'aujourd'hui qui fait tomber les frontières et instaure une monnaie commune, tout cela rassemble les hommes. Mais la pensée doit suivre cette évolution. Ceux qui sont en haut de la pyramide jouissent d'une vue globale mais, au niveau des citoyens, c'est autre chose. La prise de conscience de cette interdépendance entre les peuples, de la nécessité de travailler ensemble, et surtout de voir comment ramener la paix sur la planète n'est pas encore faite. Le dalaï-lama dit toujours que pour atteindre la paix sur cette Terre, il faut commencer par la trouver dans son cœur. Alors elle s'étendra à votre famille, à votre communauté.

» Ici tout le monde sourit à tout le monde. Dans la rue, si vous souriez, on vous rend votre sourire. En

Occident, quand vous souriez à un inconnu, il se demande ce que vous lui voulez. Cependant, il existe sûrement un point de rencontre entre ces deux civilisations. La foi est sans doute ce dont l'Occident manque le plus. Pourquoi ne pas envisager de prendre un peu de la philosophie et de la manière d'être bouddhiste, et apporter en contrepartie un peu d'efficacité et d'organisation scientifique, ce dont manquent le plus les Tibétains qui ne vivent que par la foi ? Notre repère à tous est le dalaï-lama, dont la préoccupation constante est l'avenir et le bien de son peuple. Nous avons cette chance énorme.

» Aujourd'hui, tout ce que nous avons a été fait grâce à l'aide du gouvernement indien et de tous nos amis du monde entier. Nous ne les remercierons jamais assez. Jusqu'à ce que nous soyons capables de regagner le Tibet, nous aurons besoin d'eux. De plus en plus de Tibétains se réfugient en Inde et, malheureusement, la terre ne grandit pas avec le nombre d'exilés. Nous avons besoin que le monde continue à nous soutenir. Mais personne n'ose reconnaître le Tibet comme un pays libre et indépendant. Là est la tragédie. Qui en Occident aura le courage d'agir ? Pourtant nous continuons d'espérer... »

À plus de soixante ans, Jetsun Pema envisage de prendre sa retraite. Cette éventualité provoque une certaine appréhension quant au devenir des TCV, tant son empreinte est forte et sa vigilance expérimentée infatigable...

« Si je parle de me retirer, c'est parce que je ne suis pas indispensable, affirme-t-elle. Il ne faut pas oublier que quoi que l'on fasse, on ne le fait pas pour soi mais pour les autres. Si la tâche que l'on accomplit est utile, alors il faut qu'elle se poursuive. Ce travail-ci au TCV est très important. Il faut continuer pour éduquer les enfants. Si je lève le pied et que je pousse quelqu'un à me remplacer, ce n'en sera que mieux. Il faut accepter le fait qu'en vieillissant on ne peut plus être aussi actif. Il faut savoir passer la main. Le renoncement est aussi une expérience enrichissante. À mon sens, c'est de cette manière que la démocratie devrait fonctionner : faire en sorte que la responsabilité soit transmise aux autres au fur et à mesure. J'ai reçu la charge des TCV à la mort de ma sœur et il faut que cela continue. Je ne vais pas attendre de mourir pour passer le relais. Je préfère vérifier par moi-même que tout se déroule bien, que le travail se poursuit avec succès. Ce sera la plus belle satisfaction, la plus belle récompense pour mes quarante années passées au service des TCV. Il faut savoir travailler sur le détachement : cela fait partie de la philosophie bouddhiste. »

Jetsun Pema sourit quand on lui demande pourquoi elle, la sœur du dalaï-lama, ne pratique pas.

« J'essaie avant tout de faire des choses bien pour les autres. Mais quand je dis que je ne pratique pas, ce n'est pas que je ne veux pas le faire. Je n'en ai pas le temps. Quand je serai plus vieille et que j'aurai arrêté de travailler, alors je prendrai le temps d'apprendre les prières et de me consacrer beaucoup plus à la religion, histoire de me préparer à ma prochaine vie. »

Cette femme est décidément une des plus belles rencontres de mon existence. Elle est à mes yeux l'incarnation de la classe totale. Tant dans sa façon d'être que dans son cœur.

Fatiguée par cette longue interview, Jetsun Pema tient malgré tout à s'excuser une fois encore de la façon dont elle nous a reçues, qui allait à l'encontre de tout ce que prône sa culture.

« Quand vous êtes arrivées, l'autre jour, je n'avais pas vraiment envie de vous parler car j'attendais des personnes à la maison. Puis je me suis dit que je ne devais pas penser à moi mais aux autres. Et nous avons discuté. Voilà comment on peut intégrer le bouddhisme dans son quotidien. Il y a tellement d'occasions de mettre les enseignements en pratique chaque jour ! Se montrer plus patient, gentil, avoir de la considération pour autrui. Quand, par exemple, vous êtes dans un restaurant où le service est trop long, dites-vous que c'est le moment d'exercer votre patience. Vous voyez quelqu'un dans la rue qui a un problème ? Proposez-lui votre aide. Pensez aux autres ! On a mille occasions de pratiquer le bouddhisme. Nous, Tibétains, nous le faisons spontanément car c'est comme inscrit dans notre façon d'être. Ce comportement surprend souvent les Occidentaux lorsqu'ils viennent chez nous. Et c'est une attitude que nous ne devons pas perdre. »

Sans doute pour se faire pardonner ce qui à ses yeux constituait un manquement inacceptable, Jetsun Pema a prévu pour nous, ce dernier soir, un dîner de choix où toutes les spécialités tibétaines se succèdent, à commencer par les *momos*, ces raviolis farcis aux légumes ou au poulet, et la fondue aux boulettes de bœuf et aux vermicelles. Nous avons eu du mal à quitter cette femme. Elle fait partie de ces personnalités auprès desquelles on se sent si bien que l'on n'a pas envie de s'en éloigner...

Pourtant, dès le lendemain, il nous faut reprendre l'avion pour Delhi puis pour Katmandou, prochaine étape de notre périple. Nous repartons avec autour du cou deux khatas blanches offertes par Jetsun Pema afin de nous souhaiter bonne chance.

La sœur du dalaï-lama nous a fait une démonstration exemplaire de l'application des enseignements du bouddhisme dans sa manière de concevoir l'éducation. La démarche suivie dans son village d'enfants m'a laissée perplexe quant à la valeur de notre propre système éducatif. Là, les enfants reçoivent un enseignement incomparable fondé sur l'homme et la nature, où l'être prime sur le paraître et qui n'a pas d'équivalent en France. En Europe, malgré de rares initiatives en ce sens, on ne donne pas aux jeunes générations les clés pour réussir leur évolution. L'éducation occidentale est trop superficielle, basée sur la compétition et non sur la compréhension de la vie et le respect d'autrui. La maîtrise des émotions, de l'énergie, ne fait pas partie de notre culture. C'est bien dommage.

*
**

Lorsque nous arrivons à Katmandou, nous tombons en pleine fête locale. Chacun court après l'autre pour l'arroser, de préférence d'eau teintée de rouge. À notre arrivée à la *guest house* où nous devons résider, nous découvrons le même combat ludique et acharné entre les clients. Je n'ai qu'une angoisse : préserver le matériel de toute agression intempestive, si bien intentionnée soit-elle. Même les moines s'y mettent ! Nous nous réfugions dans notre chambre, qui donne sur le monastère dont s'occupent Radjam Rinpoché et Matthieu Ricard, à deux pas de la clinique dirigée par Dominique Marchal, que nous venons interviewer.

Quand nous la retrouvons, elle nous avoue se remettre à peine d'un virus contracté à Bodh-Gaya, ce qui ne semble pas avoir entamé sa bonne humeur. Elle est en train de se débattre avec un problème informatique qu'elle abandonne provisoirement pour se consacrer à nous, ses compatriotes... ou presque, puisqu'elle est belge.

Dominique Marchal vit au Népal depuis dix ans et son premier contact avec le peuple tibétain en exil remonte à 1986. Elle voit à longueur d'année les réfugiés arriver en nombre pour être d'abord regroupés dans un centre à côté de Katmandou, avant d'être orientés vers Dharamsala où le gouvernement tibétain les prend en charge.

« J'ai pu admirer le travail du gouvernement en exil. Les Tibétains qui arrivent reçoivent une couverture et un coin pour dormir. Il n'y a pas de confort, bien sûr, parce que ce n'est pas possible, mais une surveillance médicale et de la nourriture.

» On a tendance à oublier que le problème reste entier en ce qui concerne le peuple tibétain. Le dalaï-lama, qui est non seulement un chef spirituel mais aussi un dirigeant éclairé, dit qu'aujourd'hui il ne faut plus penser à une indépendance du Tibet, mais plutôt à une autonomie religieuse et culturelle. Ce pourrait être un statut particulier, qui permettrait aux Tibétains de pratiquer leur religion et de garder leur culture.

» Lorsque je me suis rendue dans le camp de réfugiés de Soyambognat, j'ai été en effet très étonnée de voir que les Tibétains ne fuyaient pas à cause des persécutions ou de la violence, mais parce qu'on leur interdisait de pratiquer leur religion, et que l'accès à l'école leur était rendu très difficile, voire impossible. Je ne comprends pas que les Chinois, un peuple que j'admire beaucoup, continuent à appliquer une politique d'oppression qui leur attire les critiques du monde entier. Je m'étonne qu'un si grand pays ne comprenne pas que s'il libérait le Tibet, pas en tant que pays car, malheureusement, cela me paraît un peu utopique, mais en lui offrant une autonomie religieuse et culturelle, cela renforcerait immensément sa crédibilité au niveau mondial ; ça changerait tout. Je ne comprends pas qu'il ne le fasse pas. Par le passé, un rapport de type maître-disciple unissait le Tibet et la Chine. Le Tibet, pays pacifiste et sans armée, était le "maître religieux" de la puissante Chine, laquelle s'engageait en échange à le protéger À partir du moment où le maoïsme, totalement athée, s'est imposé, cette relation n'a plus pu exister. Les Chinois d'aujourd'hui disent que le Tibet est chinois parce que la Chine a toujours dû protéger le Tibet. Un contexte historique très beau, de relation de maître à disciple entre deux pays, est actuellement présenté comme une relation de dépendance. C'est triste.

» Le dalaï-lama est quelqu'un de très avant-gardiste, politiquement révolutionnaire avec des idées démocratiques extrêmement poussées. Lors de son avènement, la société tibétaine fonctionnait pourtant encore sur le mode féodal – mais une féodalité imprégnée de religion, bienveillante dans la plupart des cas (même s'il a pu s'y commettre des abus, comme partout). La mentalité bouddhiste a sans doute favorisé le maintien de cette organisation féodale, mais le système fonctionnait particulièrement bien dans ce climat rude, à quatre mille mètres d'altitude. Tous avaient à manger, tous avaient une habitation. Il ne faut pas regarder la situation avec notre œil moderne, mais par rapport aux conditions de vie d'alors. La sœur du dalaï-lama l'explique d'ailleurs très bien dans son livre[1].

» Les Tibétains sont un peuple extraordinaire. Ils sont forts, capables de discipline, de sacrifices et d'un immense courage. Une partie de la communauté tibétaine vit bien aujourd'hui, parce qu'elle a travaillé très dur, mais les nouveaux arrivants se débattent dans une grande misère. Ils ne peuvent pas se débrouiller sans aide. Le gouvernement tibétain en exil a fait des choses remarquables, comme par exemple cette école du

1. Jetsun Pema, *Tibet, mon histoire*, Éditions Ramsay, 1996 ; Le Livre de Poche, 1997.

Tibetan Children's Village. Dans ma clinique, j'ai un jardinier dont l'une des filles a été élevée au TCV et parle couramment anglais. Le TCV dispense une éducation formidable. »

Le parcours de Dominique Marchal est tout à fait atypique. Cette femme, tour à tour médecin, pilote d'avion, journaliste, est aujourd'hui directrice de cette clinique de Katmandou dont elle a elle-même conçu les plans et surveillé les travaux. Depuis qu'elle a rencontré le bouddhisme en 1985, sa vie au service des plus démunis n'est autre que la mise en pratique quotidienne d'une philosophie qui lui correspond et la comble chaque jour davantage.

Elle avait toujours envisagé la médecine comme la pratiquait son grand-père maternel, médecin de campagne, ou son grand-oncle.

« Ils avaient cette qualité, devenue rare, de consacrer du temps à leurs patients et de leur offrir une véritable écoute. La médecine spécialisée ne m'intéressait pas. J'ai fait médecine pour devenir généraliste et je pratique ici une médecine de proximité. C'est curieux, c'est comme si j'avais bouclé la boucle... »

Elle commence à nous raconter son parcours, et très vite elle en vient à nous parler de sa passion : l'aviation.

« Pendant plus de vingt-cinq ans, j'ai piloté des avions. J'aimais les sensations fortes et l'aviation était ma grande passion. J'ai été pilote d'affaires pour gagner ma vie et j'ai fait de l'acrobatie et du vol de montagne pour le plaisir. Puis je me suis lancée dans les meetings aériens. J'ai engrangé des souvenirs fabuleux avec la Patrouille acrobatique de France. Nous nous sommes régalés. C'est là, je crois, une des plus belles périodes de mon existence. »

Pour avoir moi-même côtoyé ce milieu au moment du tournage du clip d'*Aviateur*, je comprends d'autant mieux ce dont elle parle. Les images me reviennent et je l'imagine dans cette ambiance. Elle lui va bien.

« En 1968, je me trouvais au Biafra lorsque la guerre a éclaté dans cette région, reprend Dominique. À l'époque, je considérais la guerre simplement comme un grand jeu cruel... Mais j'ai vu des choses tellement horribles que j'ai pris la mesure de la folie des hommes. Un détail m'a frappée, je m'en souviendrai toujours ! Sur l'aérodrome de Port Harcourt, je regardais des hommes décharger des explosifs. Je les trouvais de plus en plus lents, jusqu'à ce que je comprenne qu'en fait ils mouraient de faim... Dur contact avec la réalité. Et cela se passait en mai 1968, pendant les événements étudiants de Paris.

» Après avoir vu brûler les villages biafrais et mourir tous ces gens, je n'ai plus jamais posé le même regard sur la guerre. Une vaste tuerie qui n'avait d'autre finalité que ce carnage : voilà ce que je voyais à présent. »

Dominique nous parle à cœur ouvert, avec ses mots autant qu'avec ses yeux. Elle dégage une énergie étonnante, empreinte de sérénité.

« J'ai reçu une éducation catholique mais, bien qu'ayant toujours été attirée par la spiritualité, je ne me suis pas reconnue dans cette confession. Son dogme me révolte complètement ; il m'a éloignée de la religion pendant plus de vingt ans. J'ai poursuivi un chemin personnel jusqu'au jour où j'ai ouvert un livre sur le bouddhisme. Il disait exactement ce que je pensais. À partir de ce moment-là, j'ai eu envie de rencontrer les maîtres pour en apprendre plus.

» En 1986, j'ai passé deux mois au Tibet. Mon premier contact avec cette terre a été quelque chose de très fort, tant elle est imprégnée de bouddhisme. Je dis toujours qu'elle a été mon premier gourou. Quand on m'a proposé de venir au Népal pour m'occuper d'une léproserie, j'étais déjà devenue bouddhiste. L'humanitaire m'attirait de longue date et cette offre tombait très bien. Elle allait dans le sens des vœux que j'avais prononcés pour concrétiser mon engagement dans cette voie philosophique et religieuse.

» Il me reste de ce séjour une grande affection pour les lépreux. Ce sont des malades très particuliers. Ils sont détruits autant physiquement que psychologiquement – ceux qui connaissent un peu le problème le savent bien. Ils se révoltent sans cesse contre leurs soignants. Il est très difficile de s'occuper d'eux, mais cela devient très gratifiant si l'on arrive à établir le contact. Je garde des souvenirs mémorables de cette époque.

» Ensuite j'ai travaillé trois années durant dans une autre clinique, que j'ai quittée après en avoir assuré le démarrage. On m'a tout de suite fait diverses propositions, que j'ai refusées, jusqu'à ce que Radjam Rinpoché, l'abbé du monastère Setchen, me demande de créer cette clinique dont je m'occupe aujourd'hui. Radjam Rinpoché est un lama extraordinaire. Il a toutes les qualités d'intelligence, de sens pratique, de dévotion, d'efficacité, et grâce à lui j'ai pu donner, avec ce projet, tout ce que j'avais en moi. C'est la première fois de ma vie que je peux travailler avec quelqu'un de cette manière-là. Il m'a permis de réaliser ce projet dans le cadre de la charité pure et dure qui me tient tant à cœur pour aider les autres, c'est-à-dire les écouter, les prendre en charge, ce qui nécessite beaucoup de temps.

» Cette clinique de Katmandou comble mes aspirations de toujours. Elle répond d'abord à l'idée que j'avais, très jeune, d'œuvrer dans l'humanitaire, d'offrir mes compétences, quelles qu'elles soient, à un pays défavorisé. La notion de compassion bouddhiste est venue se greffer sur ce désir pour aboutir à la gestion de cet établissement, bouddhiste sans doute, mais ouvert à tous. Ici, on ne choisit pas ses patients selon leur religion. Je n'aide pas les Tibétains, j'aide les pauvres. Je travaille d'ailleurs avec des Tibétains qui estiment eux aussi devoir aider les autres, puisque eux-mêmes ont eu la chance d'être aidés.

» J'ai une confiance totale dans Radjam Rinpoché car son sens de la compassion ne connaît pas de limites. Il ne se démène pas pour le prestige de son monastère mais pour que la compassion de son maître, Dilgo Khyentsé, puisse s'étendre le plus largement possible. Je sais que toute son action est motivée par ce sentiment d'une pureté absolue, alors je le suis les yeux fermés. »

J'aime les paroles pleines de générosité de Dominique. J'aime son enthousiasme. Je pousse le bouchon de la confidence un peu plus loin. Pourquoi ce parcours ? Quel a pu être le déclic ?...

« Je suis d'un tempérament profondément maternel et le fait que l'on m'ait enlevé mon premier fils à deux ans, à la suite d'un divorce qui s'est mal passé, m'a brisée. Le deuil – car c'en est un – a été quelque chose d'épouvantable... Quand on vous retire un enfant, on vous arrache un morceau de vous-même. Je sais que j'ai dû casser quelque chose en moi pour pouvoir survivre. Maintenant, je considère cette épreuve d'un point de vue bouddhiste : un enseignement terrible sur le détachement. Il est certain que sans cette rupture ma vie aurait été totalement différente, beaucoup plus familiale. Je sais aussi que c'était quelque chose qui m'était nécessaire. En revoyant ma vie, je me dis que je ne changerais rien. C'est le chemin, je ne voudrais pas autre chose. Merci pour tout ce qui s'est passé. »

L'arrivée de deux jeunes femmes ponctue la fin de l'entretien. Toutes deux, médecins bénévoles, viennent prendre les consignes de Dominique. Après quoi celle-ci nous emmène visiter la clinique. Tout y est moderne et chaque porte annonce la couleur : acupuncture, médecine tibétaine, médecine générale... Toutes les thérapeutiques y sont représentées.

L'heure de se séparer approche. Cette femme de passion au rayonnement indéniable nous étonne jusqu'au dernier moment quand elle enfile, par-dessus sa tunique indienne, son blouson de moto et ses gants. « C'est le moyen de locomotion le plus rapide et pratique pour moi », nous dit-elle avec un grand sourire...

Avant notre départ pour Katmandou, on m'avait prévenue que les communistes risquaient de déclencher une grève violente. Par précaution, j'avais bloqué deux places d'avion deux jours avant la date de retour initialement prévue. Bien m'en a pris. L'urgence se mesure au bruit des bombes. N'étant pas là pour jouer les grands reporters, nous adoptons la solution de repli immédiat qui nous est plus que suggérée...

*
**

Le bouddhisme est un vaste continent à explorer. Je m'y suis aventurée avec conscience et respect. Je n'ai jamais senti d'aigreur chez aucune de ces femmes que j'ai rencontrées. Seulement une incroyable force. Qu'elles viennent d'Orient ou d'Occident, qu'elles soient bouddhistes de naissance ou par conviction, le destin les a menées sur le chemin de la compassion, qu'elles vivent à travers une foi inébranlable, considérant que leur vie est un privilège. La souffrance et les épreuves n'ont pas effacé le sourire de leur visage ni l'espoir de leur cœur.

Cette chasse au trésor dakini que fut mon voyage m'a permis d'apprendre que des femmes ont représenté des maillons importants de l'histoire du bouddhisme. Le premier détenteur des enseignements était en effet une femme : Yeshe Sogyal.

Parmi les interviews que j'ai regroupées pour mon documentaire figure celle de Jetsun Chimey, une personne remarquable dans toute l'acception du terme, et l'un des rares maîtres féminins reconnus du bouddhisme tibétain. Elle a réussi à mener de front une existence d'enseignement à travers le monde et l'éducation de ses cinq enfants. Elle a d'abord vécu au Canada, où elle travaillait comme femme de ménage la moitié de la journée afin de s'occuper de sa progéniture le reste du temps. À cette époque, elle n'avait ni la possibilité ni le désir d'enseigner. Mais un jour, son frère, Sa Sainteté Sakya Tenzin, un maître réputé, est venu à New York donner une conférence. À cette occasion, beaucoup de gens lui ont demandé s'il existait des maîtres féminins susceptibles d'enseigner. Il a répondu qu'il y avait une femme, de même culture et de même formation que lui, mais qu'elle se cachait quelque part au Canada !

Jetsun Chimey ne voulait vraiment pas professer. Plus jeune, certes, elle avait été nonne et avait enseigné, mais à présent qu'elle n'était plus dans cet univers elle s'y refusait. Son frère lui a fait remarquer que, en Occident, les Tibétains n'étaient plus ni des moines ni des nonnes, mais des exilés.

— Tu es pratiquante du dharma, tu as l'expérience de l'Ouest comme de l'Est et celle de la vie active. Tu es un exemple idéal. Tu ne peux pas te dérober.

C'est au nom de la cause tibétaine que Jetsun Chimey a cédé. Elle a commencé à enseigner, d'abord à New York et à Los Angeles puis en Australie, et elle est devenue maître. Sans jamais que sa féminité ne lui pose de problème. « Quand j'étais nonne, j'ai enseigné et je n'ai jamais été traitée différemment parce que j'étais une femme. Je n'ai pas rencontré d'obstacle non plus pour faire passer les différents aspects des enseignements. Si l'on a l'habitude de transmettre, que l'on soit un homme ou une femme, on professe la même chose. »

Je l'ai interrogée sur l'importance de la dévotion – au sens bouddhique du terme –, une notion souvent mal comprise en Occident, puisqu'il s'agit de croire en son *lama racine*[1], quoi qu'il dise. Or le lama racine n'est pas forcément le premier maître que l'on se donne ; c'est celui auquel on choisit de se référer. Pour sa part, Jetsun Chimey a étudié avec onze maîtres parmi lesquels elle a choisi son lama racine. Plusieurs furent pour elle des gourous importants et cinq d'entre eux sont encore vivants.

Le bouddhisme tibétain comprend trois niveaux d'enseignement. Sont-ils selon elle adaptés à l'Occident ?

« Le Hinayana[2] et le Mahayana[3] conviennent très bien à l'Occident, me dit Jetsun Chimey, mais comme presque partout il est un peu tôt pour le Vajrayana[4]. Et attention ! Pour aborder les enseignements du Vajrayana, il faut être parfaitement sûr de son lama. On ne peut être en dévotion qu'avec quelqu'un dont

1. Le lama racine est le principal instructeur spirituel du disciple.
2. Voir note p. 195.
3. Voir note p. 195.
4. Vajrayana : le « Véhicule de diamant » ou « Véhicule de la foudre », corpus d'enseignements et de pratiques fondé sur les tantras (textes) dévolus à montrer la pureté primordiale de l'esprit.

on est certain qu'il ne peut pas trahir les enseignements. Ce qui renvoie au discernement. Il faut réfléchir, exercer son esprit et faire preuve de patience, ce qui est bon pour le dharma et la vie en général. La patience est très importante pour la compréhension des choses et des êtres. Et surtout, essayez de ne pas trop penser ! Partout je note que les gens parlent beaucoup. Il faut suivre les enseignements, ne pas penser trop, parler peu et surtout savoir écouter. Avoir de bonnes pensées pour les autres, pour tous les êtres humains. Ce conseil vaut pour tout le monde : tant de malentendus et d'incompréhensions engendrent des guerres sans fin... »

– XI –

L'ENGAGEMENT

Je crois que l'engagement doit faire partie de la vie, à un moment ou à un autre. Quand l'évidence est là. Les gens connus sont très sollicités pour parrainer des associations. Il est difficile de refuser, de faire un choix. Pourtant c'est indispensable. En s'éparpillant sur trop de fronts on perd sa crédibilité. Il est important de rester cohérent. La cause du Tibet me tient à cœur car je trouve inacceptable l'injustice que ce peuple subit depuis cinquante ans pour avoir refusé de renoncer à sa foi. Un peuple persécuté par un gouvernement qui bafoue chaque jour les droits de l'homme et à qui le monde entier fait pourtant des courbettes.

Bien sûr, j'en suis venue à m'intéresser au sort du Tibet à travers mon approche de la philosophie bouddhiste. Le cœur du Bouddhadharma renferme à mon sens la clé de la survie de l'âme dans l'avenir si peu encourageant qui est le nôtre... Par conviction, aujourd'hui, j'ai décidé de consacrer une partie de mon temps à tenter de réunir des fonds afin d'aider ce peuple.

Un cinquième de la population tibétaine a été massacré à cause de ses convictions religieuses. Avec une opiniâtreté incomparable, les Tibétains continuent à prier. Au péril de leur vie. Ils prient pour soulager de la souffrance tous les êtres sensibles, pour la longue vie du dalaï-lama, et pour l'élévation de leur âme. Cette science philosophique, plus qu'une religion, est un message de paix par excellence. Au cours de mon voyage en Inde et au Népal, j'ai vu les camps de réfugiés, j'ai vu les villages d'enfants tibétains et le travail formidable du gouvernement en exil... Des centaines d'enfants, nous l'avons vu, franchissent chaque année les cols de l'Himalaya pour gagner la liberté d'apprendre leur langue maternelle et d'être éduqués selon la culture tibétaine, dans les notions de respect, de tolérance et de compassion... À mon retour je n'avais qu'un désir au cœur : aider ces gens, aider ces enfants pour que perdure cette merveilleuse culture, parler du Tibet pour que l'on sache ce qui s'y passe et ce que ce peuple a enduré et endure encore aujourd'hui. Cet engagement va pour moi au-delà d'un acte humanitaire. Il me semble essentiel d'aider ce peuple si digne et chaleureux à survivre dans l'exil qui est le sien, d'autant plus qu'il délivre à l'humanité tout entière un immense message d'espoir. Cette culture détient les clés d'une paix intérieure que chacun de nous peut atteindre. Comme le dit si bien le dalaï-lama, la paix du monde commence par là...

Quant aux « Chevaliers du ciel », dont j'ai parlé plus haut, si j'ai associé avec bonheur mon nom à leur action, c'est parce que cette association défend toutes les valeurs de solidarité, d'humanité et d'échange que je revendique dans la proximité. Car il est souvent plus facile de s'occuper des autres que de l'autre... Si je pouvais faire une synthèse de ce que j'ai appris, je dirais que l'on se trouve lorsque l'on se donne.

*
**

Ce double périple dans les pays himalayens et en Inde a été pour moi un véritable parcours initiatique. De ce voyage je suis revenue différente à bien des égards. Véronica et moi étant l'une et l'autre habituées à notre indépendance, notre première tâche fut de faire en sorte que l'harmonie règne entre nous, tout en préservant nos personnalités. Ce que nous avons vécu n'est pas innocent. Pendant toute cette expédition nous avons été en permanence le miroir l'une de l'autre. Il nous a fallu peu de temps pour nous rendre compte que finalement l'une reprochait à l'autre ses propres défauts. On débusque plus facilement les dérives de l'ego chez les autres que chez soi. Il se niche souvent là où il sait que vous regarderez mal. Or la mission que nous remplissions – car c'en était une – conduisait à la vérité des êtres. À cause de cela, sans doute, nous nous sommes admirablement entendues et nous avons formé un véritable tandem parce que nous nous sommes attachées à l'essentiel. Durant tout ce voyage, je n'ai rien fait de ce que j'avais l'habitude de faire, je suis allée vers des expériences nouvelles, vers des rencontres, sans aucune idée préconçue, et je n'ai retiré de tout cela que du bonheur... J'aime mon confort, il n'y en avait pas. Je déteste le froid, mais il m'a poursuivie pendant tout mon séjour, et il est associé aujourd'hui à des fous rires et des images inoubliables. Je n'aime pas le bus, ni mini ni grand, mais là-bas c'était le seul moyen de locomotion. J'ai mal au dos durant les longs voyages, pourtant je n'ai ressenti aucune douleur alors que nous avons transporté de bout en bout nos sacs de matériel. En résumé, j'avais toutes les raisons de râler, et rien n'a jamais posé problème. Parce que la motivation était la plus forte. L'esprit porte le corps dans bien des cas. Comment expliquer le sentiment de liberté que m'a apporté cette expérience ? Libérée des liens du quotidien et des entraves que l'on se crée, aussi minimes soient-elles, on a besoin de beaucoup moins qu'on ne le croit pour être heureux. Ce que l'on vit importe plus que l'endroit où l'on vit. Non qu'un lieu confortable, un chez-soi ne compte pas, mais vraiment il n'y a pas que ça !

Avec le recul, je me rends compte en fait que nous sommes allées beaucoup plus loin que nous ne l'imaginions. Je garde un magnifique souvenir de cette épopée. Elle m'a permis de rencontrer des êtres d'exception. Ils m'ont nourrie de leurs vibrations et m'ont fait boire à la source de mes convictions les plus intimes.

*
**

La société dans laquelle nous évoluons ne peut être source de bonheur. C'est une société individualiste. Elle engendre des effets pervers sur la nature des relations humaines.

Nous sommes prétendument à l'ère de la communication mais, à l'évidence, les gens n'ont jamais si peu communiqué. C'est par l'échange du regard, de la parole, de l'énergie que nous nous mettons en relation, pas retranchés derrière un écran ou une console de jeux. Il est trop facile de *chatter* pendant des heures sur son ordinateur et de ne pas dire bonjour à son voisin, même si l'on doit reconnaître que, dans certains cas, ce moyen de communication peut sauver de la solitude.

Or pourquoi se le cacher ? Aujourd'hui, on a peur d'un regard. Les gens marchent dans leur bulle mais ce n'est pas pour autant qu'ils sont connectés avec eux-mêmes. Ils sont généralement trop préoccupés par leurs problèmes quotidiens. Ils ne voient rien, traversent les rues sans un sourire pour ceux qui les laissent passer. De la même façon, certains automobilistes, en se retranchant dans leur territoire à quatre roues, se laissent aller aux pires comportements. Pourtant une marque de courtoisie, un sourire, peuvent changer toute une journée. Or rare est l'attention prêtée à l'autre, rare est l'échange. Pour moi, c'est là un véritable signe de misère.

Je me rappelle un chauffeur de taxi sénégalais qui écoutait de la musique peul (une des ethnies de son pays) tout en conduisant. Pendant le trajet nous avons parlé de l'Afrique, de ses problèmes endémiques, du dénuement et de la misère. Une phrase m'a ouvert les yeux :

— En Afrique, m'a dit cet homme, les gens ont faim, ils sont pauvres, mais ce n'est pas la misère car ils ne sont jamais seuls. Le malheur de l'un d'entre nous devient celui des autres. La misère c'est ici, en France et dans les pays occidentaux, où la solitude rend tout dénuement encore plus terrible.

Sans cette réflexion je n'aurais pas fait le distinguo entre pauvreté et misère. Il est vrai que plus le monde progresse, plus il sépare et isole les êtres. Est-ce là une véritable évolution ? L'homme ne mérite-t-il pas mieux que cette course sans fin dans laquelle la société de consommation l'a entraîné ?

***

L'esprit avec lequel je m'engage dans une série, le choix de mes personnages sont pour moi la meilleure manière de mettre mes convictions en application et de communiquer dans l'espoir.

Je n'accepte jamais un rôle pour faire un rôle, je choisis toujours un personnage susceptible d'apporter quelque chose aux spectateurs. Je dirais même que mon plaisir de comédienne à interpréter tel ou tel rôle passe au second plan. Principalement dans le cadre d'une série... Je pars du principe que plus on est populaire, plus les gens vous aiment, plus il s'instaure une confiance, une identification même, qui fait que l'on n'a pas le droit de dire ni de faire n'importe quoi. Je considère comme un devoir de chercher à offrir un plus, une information, un éveil. J'ai toujours essayé depuis des années de véhiculer un message d'écoute, d'amour, d'espérance... On m'a souvent demandé si cela ne m'ennuyait pas que le rôle de Joëlle Mazart, l'héroïne de *Pause-café*, continue à me coller à la peau depuis les années quatre-vingt. Au début, je l'avoue, ça m'agaçait un peu qu'on ne me parle que de *Pause-café*. J'avais quand même fait d'autres choses ! Mais aujourd'hui je trouve formidable que tant des gens de plusieurs générations viennent vers moi en me disant : « Vous avez bercé mon enfance », ou bien : « Vous savez, j'ai grandi avec vous ! » C'est finalement le plus beau des cadeaux.

Beaucoup plus récemment, en 2001, le rôle du Dr Claire Bellac m'a permis de donner toute sa dimension humaine à un personnage retranché derrière son univers policé de technique et de froides certitudes. Dans mon métier, j'aime montrer l'évolution de quelqu'un qui, à la suite d'une prise de conscience, voire d'une épreuve personnelle ou vécue par un de ses proches, change tout d'un coup son regard sur les êtres et les choses.

Au départ, le Dr Claire Bellac est une urgentiste compétente, très professionnelle, toujours à cent à l'heure, préoccupée par son travail – elle ne vit que pour ça – et sa carrière, jusqu'au jour où elle a un accident de voiture et se retrouve aux urgences. Là, elle se rend compte qu'on n'y fait guère attention aux patients. On ne donne pas aux blessés ni même aux mourants l'écoute dont ils ont besoin devant la peur, la souffrance et l'angoisse. Une fois rétablie, elle voit son métier d'un œil neuf et décide de devenir généraliste pour, justement, prendre le temps d'écouter ses malades. C'était ce message-là que j'avais envie de faire passer. Depuis ma rencontre avec Dominique Marchal, au Népal, il avait une résonance encore plus profonde...

Dans les villes, malheureusement, beaucoup de praticiens ne sont plus en mesure de travailler comme autrefois, à l'époque où régnait une véritable médecine de proximité. Or il n'est pas logique de sous-estimer ce qui se passe dans une famille, ni les répercussions provoquées dans l'organisme par les perturbations du quotidien. Un spécialiste qui ne connaît pas son patient, qui ignore d'où il vient et comment il vit, va soigner le symptôme. Mais il peut passer à côté de la cause profonde du mal, qui peut avoir sa source dans une angoisse, un conflit familial.

*
**

À mon sens, le bonheur est dans la communication, le partage et les choses simples de la vie. Par mon métier j'ai connu le luxe, parce que, en tant que vedette, on est toujours placé dans les meilleures conditions possibles. On vous entoure, on vous « cocoone ». C'est bien sûr une chose très agréable mais, quoi qu'il m'ait été donné de vivre, je n'ai jamais perdu le plaisir de dormir dans la paille en attendant la naissance d'un poulain, de prendre un chemin et de m'absorber dans les manifestations si multiples de la nature, de découvrir le *roller* avec une amie qui me donne ma première leçon... Ces petits riens me rendent heureuse comme une môme. J'ai connu mes plaisirs les plus intenses dans des moments comme ceux-ci.

À côté de cela, les affres de l'artiste sont bien là... Alors il faut apprendre à en rire et à ne pas se prendre au sérieux. Quand quelqu'un me dit : « Ce n'est pas facile, votre métier ! » je ne peux m'empêcher de sourire. Ne serait-ce qu'en pensant à tous ceux, tellement plus ingrats, auxquels j'ai la chance d'avoir échappé, et de me demander également pourquoi ça devrait être facile... Aujourd'hui on a la culture du « rapide et sans peine ». Le loisir a pris une place telle que l'effort semble banni de notre vocabulaire.

Certes, j'ai le privilège de faire un travail qui me plaît, mais il n'est pas de tout repos, loin de là ! Il me procure quelquefois des angoisses abyssales. Il y a le stress, et les critiques auxquelles on s'expose en descendant dans l'arène. Ce n'est pas une profession où l'on fuit − sinon parfois soi-même −, c'est un métier où l'on affronte. Certains en font une thérapie en cherchant plus ou moins consciemment à devenir quelqu'un d'autre au travers d'un personnage, mais à un moment ou à un autre il faut faire face à la réalité.

Tout le monde, à tous les niveaux, a besoin d'être aimé et d'être reconnu. Sur les cinq continents, on crève de manque d'amour. Je le sais, je l'entends, je le vois, mais je suis mal placée pour en parler car j'ai toujours vécu entourée de beaucoup d'amour. J'ai aussi la chance d'être une artiste populaire, à qui le public s'identifie. Et c'est extraordinaire. Je le mesure encore mieux sur scène, au théâtre, au moment des saluts, lorsque les spectateurs applaudissent, lorsque je les vois sourire, heureux du bon moment que nous leur avons offert. C'est un échange magnifique ! Mais être artiste comporte beaucoup de luttes avec soi-même, contre ses peurs les plus profondes, contre la crainte de ne pas donner le meilleur de soi. On doit aussi affronter le regard des autres, la mode... C'est toujours dur de vivre l'échec d'un film ou d'une pièce auxquels on croyait, et dont on est le protagoniste principal. Parce qu'on ne peut pas s'abriter derrière une création comme derrière un produit. Quand cela ne marche pas, cela sonne toujours un peu comme un désaveu. Ce métier ne fait pas de cadeau. Aujourd'hui encore moins qu'hier. On vous oublie aussi vite qu'on vous encense et les carrières se jouent peut-être plus derrière l'écran que sur celui-ci. C'est un fait, c'est ainsi. On ne souffre que des lois que l'on ignore.

Le seul vrai vœu que je forme devant une étoile filante est de réussir ma vie, au sens total du terme. Sans réduire le champ du bonheur en y ajoutant des choses trop précises. Trouver le chemin où je m'épanouirai le mieux, le chemin de l'harmonie. La curiosité m'a portée vers des gens très différents, qui m'ont ouvert les yeux sur des horizons inconnus. Passionnants. Nouveaux. Qui a dit que la curiosité est un vilain défaut ? L'indiscrétion en est un, mais la curiosité est un moteur formidable. Personnellement je suis curieuse de tout. Il m'est arrivé parfois de le regretter, mais rarement. C'est grâce à ce « travers » que j'ai fait mes plus beaux « voyages ». Tout peut changer demain pourvu que cela me rende heureuse. J'ignore quelle sera ma voie future. La même, une autre ? Je reste à l'écoute... Je cherche avant tout à demeurer en accord avec ce que je fais, à pouvoir me dire que je me suis montrée juste, que je n'ai pas fait le mal, ou en tout cas le moins possible. Honnêtement, si aujourd'hui on me posait la question « Si c'était à refaire ? » je crois que je choisirais le même parcours. Je conserve le souvenir de toutes mes joies, mais plus celui de mes souffrances. Je pense même avoir transformé certaines d'entre elles en joie.

Depuis que la faux de la Dame en noir m'a frôlée, même si elle m'a finalement épargnée, je vis chaque minute comme si je pouvais mourir demain. La vie et son caractère éphémère se côtoient en permanence dans mon esprit. Ce n'est pas une angoisse ; au contraire c'est une force. Je profite encore mieux de chaque instant. Je vis en pleine conscience de l'impermanence. Cela m'empêche d'oublier qu'il y a urgence à bien faire, urgence à dire à quelqu'un qu'on l'aime, urgence à se réconcilier avec un ami, si c'est un ami, au lieu de rester sur des positions stupides qui n'ont en fait pas réellement d'importance. Urgence à se débarrasser d'un amour-propre stérile, urgence à vivre « vrai ». Je crois ne pas avoir de peurs, sauf celle de passer à côté, de me tromper de chemin et de rater l'essentiel.

Tout au long de ces lignes, j'ai ouvert le fond de mon cœur. J'ai essayé de transmettre un peu de ce que la vie m'a appris. Ce livre n'est pas un exutoire mais un partage. Il me permet aussi de rendre hommage à ceux, d'ici et d'ailleurs, qui me sont chers. À ceux, aussi, qui m'ont montré la route d'une meilleure compréhension de la vie. Je sais combien il importe de bien vivre pour mieux se préparer à l'inéluctable départ. On ne s'y prend jamais trop tôt pour faire la paix avec soi et avec le regard que l'on porte sur son existence. Pour ne pas

se mettre (ou le moins possible) en situation de dire
« si j'avais su »...

Il est dommage qu'en Occident on se mobilise de
plus en plus pour la réussite personnelle, matérielle et
sociale, au mépris du véritable épanouissement, lequel
doit s'inscrire dans un tout, qui englobe la nature, notre
nature profonde, et l'humanité entière. Je déplore à cet
égard que les médias, la télévision en particulier, se
fassent si peu le relais de l'espoir dans le portrait qu'ils
brossent de la société. Les drames et les catastrophes
sont plus « vendeurs » que les belles histoires, et les
« méchants » manifestement plus médiatiques que les
« gentils »... Et quand on regarde certains *reality-shows*,
on est en droit de se demander jusqu'où l'on plongera
dans la médiocrité... Pourtant, le succès remporté par
exemple par *L'Odyssée de l'espèce*, un documentaire
consacré à l'histoire de l'humanité diffusé en *prime time*,
ou par les émissions consacrées à l'avenir de la planète,
reflète une incontestable demande du public... Oui, nos
contemporains ont besoin d'être informés – c'est le
rôle du journal télévisé –, mais ils aspireraient peut-être
aussi à recevoir des messages d'espoir, des témoignages
positifs, et à faire la connaissance, par l'intermédiaire
de leur petit écran, avant minuit, des innombrables ano-
nymes qui œuvrent en vue d'un monde meilleur et d'un
avenir plus lumineux.

Pour nous tous.

MES LIVRES DE CHEVET

ALAIN, *Propos sur le bonheur*, Gallimard, 1985.

Arnaud DESJARDINS, *Les Chemins de la sagesse*, éditions de La Table Ronde, 1999.

Khalil GIBRAN, *Le Prophète*, éditions Albin Michel, 1996.

Sogyal RINPOCHÉ, *Le Livre tibétain de la vie et de la mort* (nouvelle édition augmentée), éditions de La Table Ronde, 2003.

Antoine DE SAINT-EXUPÉRY, *Le Petit Prince*, éditions Gallimard, 1971.

SA SAINTETÉ LE DALAÏ-LAMA, *L'Art du bonheur*, éditions Robert Laffont, 1999 (vol. 1), 2004 (vol. 2).

REMERCIEMENTS À...

Sogyal Rinpoché, pour le bonheur qu'apportent ses enseignements, et pour son aide précieuse ;

www.rigpafrance.org

Jetsun Pema, pour sa disponibilité, sa générosité, sa lumineuse présence ;

Ama Adhe Tapontsang, pour son témoignage ;

Khandro Tsering Chödrön, pour le soleil qu'elle laisse dans le cœur de ceux qui la rencontrent ;

Dominique Marchal, pour sa passion de la vie et la clarté de ses propos.

À la vie, au chemin, à l'amour...

CINÉMA – TÉLÉVISION – RÉALISATION
THÉÂTRE – CHANSON

Cinéma

- *Le Toubib* (1979), réal. : Pierre Granier-Deferre
- *Tir groupé* (1982), réal. : Jean-Claude Missiaen
- *Les Voleurs de la nuit* (1983), réal. : Samuel Fuller
- *Un été d'enfer* (1984), réal. : Michaël Schock
- *La Dernière Image* (1986), réal. : Mohamed Lakhdar Hamina
- *Doux amer* (1987), réal. : Franck Apprederis

Télévision

- *Le Jeune Fabre* (1972), réal. : Cécile Aubry
- *Paul et Virginie* (1974), réal. : Pierre Gaspard-Huit
- *Commissaire Moulin* : « *Intox* » (1974)
- *Aurore et Victorien* (1975), réal. : Jean-Paul Carrère
- *Qui j'ose aimer* (1977), réal. : Jean-Marie Coldefy
- *Les Amours sous la Révolution* (1978), réal. : Jean-Paul Carrère
- *Léopold le Bien-Aimé* (1978), réal. : Georges Wilson
- *Pause-café* (1981), réal. : Serge Leroy

- *Joëlle Mazart* (1982), réal. : Serge Leroy
- *Le Crime d'Ovide Plouffe* (1985) réal. : Denys Arcand
- *Pause-café, pause tendresse* (1989), réal. : Serge Leroy
- *Notre Juliette* (1990), réal. : François Luciani
- *Mademoiselle Ardel* (1990), réal. : Michael Braun
- *Softwar « Les Faucons »* (1991), réal. : Michel Lang
- *L'Héritière* (1991), réal. : Jean Sagols
- *Touch and die* (1991), réal. : Piernico Solinas
- *Le Ciel pour témoin* (1993), réal. : Denis Amar
- *Les Saigneurs* (1993), réal. : Yvan Butler
- *Le Silence du cœur* (1993), réal. : Pierre Aknine
- *L'Enfant des rues* (1994), réal. : François Luciani
- *Charlotte et Léa* (1994), réal. : Jean-Claude Sussfeld
- *Une femme dans la tempête* (1995), réal. : Bertrand Van Effenterre
- *Madame le Consul* (1995-2001), réal. : Jean Sagols, Joyce Buñuel, Jean-Claude Sussfeld, Bertrand Van Effenterre
- *Loin des yeux* (1996), réal. : Christian Faure
- *Sud lointain* (1997), réal. : Thierry Chabert
- *C'est l'homme de ma vie !* (1997), réal. : Pierre Lary
- *Pour mon fils* (1997), réal. : Michaëla Watteaux
- *Théo et Marie* (1998), réal. : Henri Helman
- *Manèges : « Fontbrune »* (1998), réal. : Marc Angelo ; scénario Véronique Jannot et Nicole Jamet
- *Manèges II : « Le Défi »* (1999), réal. : Charlotte Brändström ; scénario Véronique Jannot et Nicole Jamet
- *Docteur Claire Bellac* (2001-2003), réal. : Denis Malleval

- *La Source des Sarrasins* (2002), réal. : Denis Malleval
- *Pardon* (2004), réal. : Alain Schwartzstein

Réalisation

- *Le Féminin de la sagesse* (2001 – documentaire sur les Dakinis)

Théâtre

- *L'École des femmes* (1973), de Molière, mise en scène de Richard Vachoux
- *De l'influence des rayons gamma sur le comportement des marguerites* (1976), de Paul Zindel, mise en scène de Michel Fagadeau
- *La Grande Roue* (1977), de Guillaume Hannoteau, mise en scène de Jacques Mauclair
- *Le Météore* (1978), de Friedrich Dürrenmatt
- *Pieds nus dans le parc* (1981), de Neil Simon, mise en scène de Pierre Mondy
- *Pleins feux* (1991), de Didier Kaminka, mise en scène d'Éric Civanyan
- *Les Monologues du vagin* (2004), d'Ève Ensler, mise en scène d'Isabelle Rattier
- *Avis de tempête* (2004), de Dany Laurent, mise en scène de Jean-Luc Moreau

Chanson

- *Pause-café* (G. Coullonges/J. Musy)
  Tous les enfants ont besoin de rêver
  On entre dans la vie

- *J'ai fait l'amour avec la mer* (V. Jannot/P. Bachelet)
- *C'est trop facile de dire je t'aime* (V. Jannot/P. Bachelet/B. Levitte)
- *Comédie comédie* (V. Jannot/J.-P. Lang/P. Bachelet)
- *La Première Scène* (J.-P. Lang/P. Bachelet/F. Rolland/B. Levitte)
- *Désir, désir* en duo avec Laurent Voulzy (A. Souchon/L. Voulzy)
- *Vague à l'âme* (V. Jannot/P. Bachelet)
- *Si t'as pas compris* (J.-P. Lang/P. Bachelet)
- *Ma repentance* (G. De Loonois/P. Bachelet/B. Levitte)
- *Fragile* (V. Jannot/M. Jouveaux/B. Levitte)
- *L'Envers du monde* (au profit de la Fondation de France)
- *Mon héros préféré*, chanson du générique *Pause-café, Pause tendresse* (F. Lai/P. Grosz)
- *Aviateur* (A. Souchon/L. Voulzy)
- *Chagrin* (V. Jannot/L. Voulzy)
- *Pour toi Arménie*, disque au profit du peuple arménien, à la suite du terrible tremblement de terre du 7 décembre 1988. Participation aux côtés de nombreux artistes (C. Aznavour/Garvarentz)
- *Love me forever* (V. Jannot/M. Jouveaux/R. Musumarra/R. Zaneli)
- *Reviens me dire* (R. Musumarra/V. Jannot/M. Jouveaux)
- *L'Atlantique*, en duo avec Pierre Bachelet (Pierre Bachelet)
- *Quand la Terre est en colère* (collectif, au profit des victimes du tsunami du 26 décembre 2004 en Asie du Sud-Est)

TABLE DES MATIÈRES

Direction littéraire
Huguette Maure

assistée de
Maggy Noël
et
Édouard Boulon-Cluzel

Crédits photographiques

Page 1 : collection privée de l'auteur.
Page 2 : Nicolas Treatt, Chris Simpson, D. R.
Page 3 : Claude Lê-Anh, D. R.
Page 4 : Michel Ginfray/Gamma, photo Rodrigue.
Page 5 : C. James/TF1 et TF1/Sipa.
Page 6 : O. Souhami/Sygma, Jean-Jacques Datchary/Abaca, D. R.
Page 7 : D. R.
Page 8 : D. R.
Page 9 : Piroska Mihalka/Sygma, Mario Gurrieri, D. R.
Page 10 : Didier Baverel/Kipa, Adamik/Engelmeier, collection privée de l'auteur.
Page 11 : Jean-Claude Roca/TF1, D. R.
Page 12 : Pugnet/TF1/Sipa, Sichov/Sipa, D. R.
Pages 13 à 16 : collection privée de l'auteur.

SI VOUS VOULEZ VENIR EN AIDE AUX ENFANTS TIBÉTAINS EN EXIL,
MERCI D'ADRESSER VOS DONS À

GRAINES D'AVENIR
2 bis, rue Camille-Pelletan
92300 Levallois-Perret

Association d'intérêt général

Créatrice et Présidente
Véronique Jannot

Aubin Imprimeur
LIGUGÉ, POITIERS

Achevé d'imprimer en juin 2007
N° d'impression L 71118

Dépôt légal, février 2007
Imprimé en France
ISBN 978-2-738-22137-7